W0191756

Männergeschichten

Was Männer denken, sehen und fühlen –
anderen jedoch selten anvertrauen

Herausgegeben von Steve Biddulph

Männergeschichten

Was Männer denken, sehen und fühlen –
anderen jedoch selten anvertrauen

Herausgegeben von Steve Biddulph

BEUST VERLAG

Die Deutsche Bibliothek – CIP-Einheitsaufnahme

Biddulph, Steve (Hrsg.):
Männergeschichten: Was Männer denken, sehen und fühlen – anderen
jedoch selten anvertrauen / Steve Biddulph. – [Übers. aus dem Engl.:
Claudia Magiera]. – München: Beust, 2001
(ToBe)
    Einheitssacht.: Stories of Manhood <dt.>
    ISBN 3-89530-053-5

1. Auflage, März 2001

© 2001 der deutschen Ausgabe:
Beust Verlag, Fraunhoferstraße 13, 80469 München
www.beustverlag.de
Alle Rechte vorbehalten. Reproduktionen, Speicherung in
Datenverarbeitungsanlagen, Wiedergabe auf elektronischen, foto-
mechanischen oder ähnlichen Wegen, Funk und Vortrag – auch auszugs-
weise – nur mit Genehmigung des Copyrightinhabers.

FOTOS: John Allan, David Hancock, Simon McCulloch, Sydney;
Volker Derlath, Florentine Schwabbauer, München
ILLUSTRATIONEN: Michael Leunig
ÜBERSETZUNG AUS DEM ENGLISCHEN: Claudia Magiera für GAIA Text,
München
LEKTORAT: Jürgen Bolz, Friedberg, für GAIA Text, München
HANDSCHRIFTEN: Bettina Achhammer
LAYOUTDESIGN, SATZ UND PRODUKTION: Yvonne Heizinger, GAIA Text,
München
UMSCHLAGDESIGN: Markus Härle für GAIA Text, München
DRUCK: fbg · freiburger graphische betriebe, www.fgb.de

ISBN 3-89530-053-5

Printed in Germany

INHALT

VORWORT

Steve Biddulph hat dieses Lesebuch als Begleitband zu seinem Bestseller *Männer auf der Suche* konzipiert. Er hat dafür die unterschiedlichsten Texte ausgewählt, die auf bewegende, anregende und aufbauende Weise davon erzählen, was es bedeutet, ein Mann zu sein.

Ein Mitglied der UN-Friedenstruppen riskiert sein Leben, um anderen Menschen das Leben zu retten.

Ein bekannter Schriftsteller trauert um seine längst verstorbenen Kinder.

Ein verwitweter Vater lernt, seinen Söhnen zu zeigen, dass er sie liebt.

Eine Frau lernt verstehen, weshalb ihr Vater sie nie berührt hat.

Ein prominenter Australier erzählt, wie er als Kind an einer christlichen Ordensschule sexuell missbraucht wurde.

Eine Lehrerin erklärt, weshalb sie gern Jungen unterrichtet.

Ein humorvoller Schriftsteller verliert beim Thema Sport seine gute Laune.

Ein tief in seiner traditionellen Kultur verwurzelter Aborigine hinterlässt ein höchst modernes Vermächtnis.

Diese und andere Beiträge fügen sich zu einem erhellenden Ganzen, einer tief beeindruckenden Reise in die innersten Welten von Männern. Zu den Highlights dieser Reise zählen die Cartoons von Michael Leunig und die hieb- und stichfeste Erklärung, weshalb auf dieser Welt nun wirklich nicht die Männer das Sagen haben.

Entdeckungsreisen in die Herzen der Männer

STEVE BIDDULPH

Die Rolle des Mannes verändere sich, heißt es immer wieder. Und das scheint auf den ersten Blick tatsächlich zu stimmen. In der afrikanischen Savanne, im England von Shakespeare, auf den Schauplätzen des Zweiten Weltkriegs waren augenscheinlich andere Qualitäten gefragt als jene, die wir heutzutage so bewundern.

Was sich allerdings wahrscheinlich nicht geändert hat, ist das, was einen *guten* Mann ausmacht. Mir scheint, als seien es Zuverlässigkeit, starke Liebesfähigkeit, selbstloser Einsatz für das Wohl der Gemeinschaft und die Gabe, auch angesichts von Schwierigkeiten zu lachen, die von den Freunden und Familienangehörigen eines Mannes seit eh und je am höchsten geschätzt werden. Diese Eigenschaften sind, wie ich meine, zeitlos – und sie zu erwerben ist unverändert das innerste Bedürfnis eines Mannes.

Vor fünfzig Jahren gab es sehr klar umrissene Vorstellungen von einem »richtigen Mann«. Und es gab bestimmte Männertypen, die allen geläufig waren: das »gestandene Mannsbild« etwa, den »Frauenliebling« und den »wahren Gentleman«, ein Mann von ausgesucht höflichem und ehrenwertem Auftreten. Selbst ein Hausierer oder

Landstreicher konnte mit dem Prädikat aufwarten, ein »echter Gentleman« zu sein.

Das galt selbst für Farmer. Bill French zum Beispiel baute in den 1940er-Jahren eine Landwirtschaft im dürren Süden Australiens auf. Seine Tochter Val Maslen, inzwischen über sechzig Jahre alt, hat ihn in einem zärtlichen und zugleich schmerzlichen Gedicht beschrieben:

Ich habe eine Erinnerung,
Die mir unersetzlich ist und,
Körperlich und sinnlich tief eingeprägt,
Alle Jahre überdauert hat.
Fünf Jahre war ich alt,
Da schlief ich am Esstisch ein, auf
Einem dieser Stühle mit den steifen Lehnen,
Und mein Vater, eins neunzig groß
Und stark, so unglaublich stark,
Er nahm mich auf und trug mich ins Bett.
Seine starken Arme um mich,
Ich spüre sie immer noch,
Spüre dieses Gefühl von Liebe, so
Wunderbar warm für ein kleines Mädchen,
Das Liebkosungen des Vaters nicht kennt.

Jahre später,
Als alter Mann,
Erzählte er mir von der Angst, den
Drei Töchtern seine Liebe zu zeigen.
Das schicke sich nicht oder
Könne missverstanden werden,
Fürchtete er.
Also unterließ er es,
Uns zu berühren.
Doch …
Dafür besaß ich die Erinnerung an
Diesen so kostbaren Augenblick.

Wir leben in einer Zeit, in der der sexuelle Missbrauch von Kindern ein hochgradig sensibles Thema ist. Darüber dürfen wir nicht vergessen, dass frühere Generationen sich ebenfalls dem Schutz von Kindern verschrieben haben. Allerdings geschah dies vielfach auf eine ungelenke Art und Weise. Es ist erschütternd, dass ein Vater sich aus Liebe und Verantwortungsbewusstsein heraus jedweden körperlichen Ausdruck von Zuneigung versagte, während seine Tochter sehnsüchtig danach verlangte.

Dass eine Tochter die Erinnerung an die kurze Berührung ihres Vaters sechzig Jahre lang hütet wie einen Schatz, stimmt unendlich traurig. Zum Glück hat Bill French seiner Tochter vermitteln können, dass er sie liebt. Und als er sich nach vielen Jahren schließlich fragt, ob seine strenge Zurückhaltung richtig gewesen ist, fasst er sich ein Herz und spricht mit seiner Tochter über seine Zweifel. Damit ermöglicht er ihr, ihn zu verstehen – ein Geschenk, das wunde Seelen heilt.

Wie das folgende, launigere Gedicht seiner Tochter andeutet, besaß Bill French weitere Eigenschaften, die für das damalige männliche Idealbild im ländlichen Australien typisch waren:

> An Vaters Stärke zweifelte ich nie.
> Er war ein kräftiger, großer Farmer,
> So stark wie ein Stier.
> Wir hielten einen Jersey-Bullen namens Glen,
> Der bei uns aufgewachsen
> Und ein richtiges Haustier war.
> Eines Tages drehte das Haustier durch
> Und preschte auf Vater zu,
> der inmitten der Koppel gefangen war.
> Vater stemmte einen mächtigen Holzklotz,
> Blickte Glen gefasst entgegen und
> Hieb ihm den Klotz über den Schädel.
> Völlig benommen ging
> Der Bulle in die Knie.
> Dann spazierte Vater aus der Koppel.

> Zum 21. Geburtstag erhielt er sechs Zugpferde:
> Nell, Darkie, Boxer, Dollie, Bonnie und Blossom.
> Die Pferde arbeiteten am Ufer des Murray.
> Er war gut zu ihnen,
> und die Tiere vertrauten ihm.

Als er weit über siebzig war,
Ging er abends gern auf einen Drink aus.
Wenn mein Sohn Andrew die Zeitung austrug
Und dabei in die Kneipe schaute,
Dann spielte sein Großvater
Eine Runde Snooker mit ihm.
Ich muss es wohl nicht betonen:
Meine Kinder liebten ihn.

Vater fluchte nie in Gegenwart von Frauen.
Eines Abends benutzte ein junger Rowdy
Im Beisein von Frauen ein unanständiges Wort.
Er beachtete Vaters Warnung nicht –
Pech! Der Knabe verließ die Bar
Mit gebrochenem Kinn.

So also sah ein Mann aus, an den man sich voll Liebe und Respekt erinnert: geduldig, energisch und dabei gut zu Tieren (fast immer jedenfalls …), gütig gegenüber Kindern und Frauen, aber kompromisslos, wenn es das weibliche Gefühl für Anstand zu schützen galt.

Dieses Männerbild – der ehrenhafte Ehemann und Vater – wurde von der postmodernen Bewegung der 1970er-Jahre heftig angegriffen. Hinter diesem Ideal, so die Kritik, verberge sich der patriarchalische Rohling, der eigennützig über seine Familie gebietet. (Dass es Männer gab, die ihre Rolle ausgenutzt haben, das bestreitet niemand. Aber die Behauptung, die meisten Männer hätten ihr Leben auf Macht- und Herrschaftsdenken aufgebaut oder dies zumindest gewollt, ist eine Vereinfachung, die der Wirklichkeit nicht entspricht. Sie verletzt die Abermillionen von Männern, die sich seit Menschengedenken um ein ehrenwertes, beschützendes, fürsorgliches und gerechtes Verhalten bemühen. Es erschreckt mich, dass dieses Vorurteil in ansonsten seriösen wissenschaftlichen Abhandlungen und in Verlautbarungen von Regierungen zum Thema Gewalt in der Familie zum Vorschein kommt.)

Aus der Überzeugung, in der Vergangenheit seien die Männer durch die Bank herrschsüchtige Tyrannen gewesen, folgerte man, dass Sensibilität beim Mann so etwas wie eine neue Erfindung sei. Doch es fehlte ihnen nicht an Zartgefühl, den Männern, die in Galli-

13

poli kämpften. Auch den Kriegsgefangenen nicht, die beim Bau der Birma-Bahn im Schlamm und bei brütender Hitze ihre sterbenden Kameraden in den Armen bargen auf die Gefahr hin, von den japanischen Aufsehern mit Bajonetten und Gewehrkolben geprügelt zu werden. Diese Männer brachten es fertig, zu weinen und aus der Reihe zu tanzen, um eine Dschungelblume zu pflücken und auf das Grab eines Gefährten zu legen. Und als der Krieg endlich vorbei war, da erschien vielen das Leben in Freiheit und Frieden uneigentlich und einsam im Vergleich zu der innigen menschlichen Nähe im Gefangenenlager.

Die Gesellschaft ist ständig in Entwicklung begriffen. Wir dürfen nicht gutgläubig davon ausgehen, dass das Leben besser wird oder wir bessere Menschen werden. Die Geschichte der Menschheit kennt zahllose Kulturen, die eine falsche und letztlich vernichtende Wendung nahmen. Vermutlich entwickelt sich die menschliche Kultur nach dem Muster eines Pendels, das in gute wie schlechte Richtungen ausschlägt. Im globalen Maßstab sind diese Bewegungen gewaltig und unförmig, ganz so, als stapften wir mit verbundenen Augen durch den Porzellanladen unserer eigenen Menschlichkeit.

Wir müssen die Augenbinden abnehmen, müssen unsere Wahl treffen und genau prüfen, was man uns als ökonomisch notwendig verkaufen will. Die Art und Weise, in der Kinder aufwachsen, ist nur eines von vielen Beispielen dafür. Untersuchungen heutiger Jäger-und-Sammler-Kulturen haben ergeben, dass die Kinder dieser Gesellschaften merklich wachsamer und vernünftiger sind als unser Nachwuchs. Wir wissen, dass Kinder vor hundert Jahren einen größeren und besseren Wortschatz besaßen als heutzutage; dies geht vor allem auf die Hast des Alltags und das Fernsehen zurück, das jedes Gespräch abwürgt. Wir wissen, dass Kinder in den 1950er-Jahren gesünder ernährt wurden als heute. In dem Bestreben, die Menschheit zu verbessern, können wir genauso gut das Gegenteil bewirken – und davor müssen wir auf der Hut sein.

Welche Qualitäten zeichnen heute einen guten Mann aus? Wäre er ein im konventionellen Sinn erfolgreicher Mann? Wie würden wir ihn erkennen? Worin bestünde seine Aufgabe? Mann sein, wie geht das? Welche Entscheidungen gehen damit einher? Mann sein ist ein Kampf, den jeder Mann auf Erden – jeder Jugendliche, jeder kleinbürgerliche Vater, jeder ältere Mann – im Stillen für sich austrägt.

14

Genau das ist der Kern des Problems: dass so viele Männer in sich zurückgezogen leben, voneinander getrennt durch die Tradition des Schweigens, gefangen von den kulturellen und ökonomischen Zwängen wie Arbeitstiere in Einzelkäfigen. Und wenn Männer Antworten finden, dann behalten sie diese oftmals für sich. Wenn sie leiden, leiden sie einsam und allein. Höchster Ausdruck dieser Einsamkeit ist der Freitod, dicht gefolgt von Alkoholsucht, Scheidung, schlechtem Gesundheitszustand, Kriminalität und Gewalt. Was gegen das Gift der Einsamkeit wirkt, liegt auf der Hand: Wir müssen die Tür unseres Herzens öffnen. Einen Spaltbreit nur müssen wir sie öffnen, und schon finden wir wieder Anschluss an die Menschen.

Das Buch, das Sie in Händen halten, handelt von Männern, die sich als Menschen zeigen. Ausgewählt wurden die Beiträge wegen ihrer außergewöhnlich ungeschminkten Ehrlichkeit, weil sie aufbegehren, weil sie tiefem Schmerz ebenso Raum geben wie dem Glücksgefühl über Fortschritte auf dem Weg zum Mannsein: dem Ärger über die Folgewirkungen einer Vasektomie, der Trauer über den Verlust einer geliebten Partnerin, der Erleichterung, einen Friedenstruppen-Einsatz überlebt zu haben, dem Zorn über sexuellen Missbrauch von Kindern, der Freude an der Teamarbeit von Mann und Frau, dem Glück, das Vertrauen eines kleinen Kindes zu besitzen …

Geschichten sind die Währung unseres Menschseins. Sie sind wie Steine, aus denen jeder von uns das Haus seines Lebens bauen kann. Über das Leben anderer Männer zu lesen – das hilft uns, unseren Begriff von Männlichkeit zu erweitern, vertrauensvoller zu lieben, unser Verständnis von Menschlichkeit zu vertiefen und mitzumachen bei dem gemeinsamen Projekt, das eine Welt schaffen möchte, die im Wortsinn lebenswert ist.

Machen Sie sich diese Geschichten* zu Nutze. Beteiligen Sie sich. Machen Sie etwas aus Ihrem Leben.

---

* Zu jeder dieser Geschichten gebe ich am Kapitelanfang eine kurze Erläuterung zum Entstehungshintergrund.

15

Von Jungen, Männern und Tränen

SIMON CARR

Simon Carr verlor seine erste Frau durch Scheidung und seine zweite durch Krebs. Er blieb mit zwei jungen Söhnen zurück, je einem aus jeder Ehe. Die drei hatten eine hohe Hürde zu überwinden, denn sie mussten mit einem Gefühl umgehen lernen, mit dem Männer traditionell am schwersten zurechtkommen: Trauer. Hinzu kam ein weiteres Handicap: Simon ist Engländer, und Engländer gehen mit ihren Gefühlen bekanntlich nicht hausieren.

Ganz und gar unsentimental erzählt diese großartige Geschichte von emotionaler Schutzlosigkeit und Aufrichtigkeit und davon, irgendwie weiterzumachen.

Ich bin das Oberhaupt einer statistisch unauffälligen Familie. Sie besteht im Kern aus einem Vater und zwei Söhnen. Somit stehen wir drei Kerle (denen in ihren vier Wänden ein Rollenvorbild vom anderen Ufer des Grabens, der die Geschlechter trennt, fehlt) stellvertretend für jenen winzigen, ausschließlich männlichen Anteil der Haushalte mit allein erziehenden Eltern.

Das ist ein ungewöhnlicher Zustand, in den man nur durch Schicksalsschläge gerät. Weil die Gesellschaft und die Gerichte Müttern – in meinen Augen zu Recht – die natürliche Fürsorgerolle zuschreiben, rechnen allein stehende Väter kaum je mit dem Sorgerecht, und wenn sie es doch erhalten, dann bleiben sie in den seltensten Fällen Singles. Unsere Familienstruktur ist ergo die Folge eines Unglücks – ein Todesfall, dem eine Scheidung ihren eigenen, subtileren und dauerhaften Schaden hinzugefügt hat.

Alexanders Mutter, Susie, starb 1994 nach vierjährigem Kampf gegen den Krebs. Hugos Mutter hatte andere Probleme; Hugo stieß ein Jahr später im Alter von zwölf Jahren zu uns, um meine Exfrau ganz ihrem zweiten Mann und den Kindern aus dieser Ehe zu überlassen. Anfänglich gab es also nur uns zwei: einen Mann mittleren Alters und einen fünfjährigen Jungen allein in einem Garten an dem Tag, an dem Susie ins Koma fiel.

Ich sagte: »Weißt du, dass Mami immer müder und müder geworden ist, das liegt daran, dass sie so krank ist. Wir glauben, dass sie jetzt ganz tief schläft – so tief, dass sie wahrscheinlich nicht mehr aufwachen wird.«

»In Wahrheit«, ich holte tief Luft, »denken wir, dass sie sterben wird.«

»Wird Mami sterben?«, fragte er, aufgeweckter, als ich erwartet hatte. »Wann?«

Das konnte ich ihm nicht sagen, und so bot er mir einige Alternativen an: »Wird sie sterben, wenn es Abendessen gibt? Wenn ich ins Bett muss? Zum Frühstück?«

Als er keine Antwort auf die Frage fand, wann Mami sterben würde, und vielleicht um nicht erkennen zu müssen, wie schrecklich diese Nachricht war, sauste er davon, um seinem Freund die aufregende Fortsetzung seiner Familiensaga zu erzählen.

Am Morgen darauf kam er in das Schlafzimmer. Seine Mutter lag auf dem Bett mit einem rätselhaften Lächeln, das nachts auf ihre Lippen getreten war. »Ist Mami heute Nacht gestorben?«, fragte er.

Seine Vermutung wurde bestätigt. »Siehst du«, meinte er, »ich hab's ja gesagt! Ich hab dir gesagt, dass Mami heute Nacht stirbt!«

Jeder Mensch trauert anders. Wochenlang kontrollierte Alexander seine Gefühle auf die Weise, die gemeinhin als männlich gilt. Die meiste Zeit spielte er zufrieden und sprach ruhig und zärtlich von seiner Mutter im Himmel. Doch fiel er jeden Tag in eine eigentümliche Art von Koma: Seine Augen standen offen, aber er nahm nichts wahr. Dann, nach einer Stunde, ging er abrupt wieder seinen üblichen Beschäftigungen nach.

Mit solchen Gefühlen umzugehen war neu und nicht leicht für jemanden, dessen Herz darin keine Übung besitzt. Ich hatte mich nie sonderlich dafür interessiert, wie diese Sachen funktionieren, und sie größtenteils nur zu gern Susie überlassen, die eine feine Antenne für die Gefühle anderer Menschen besaß. In Anbetracht meiner Defizite war es offensichtlich, dass ich die Dinge nicht auf Susies Weise würde regeln können.

Gute Mütter verfügen über ein kompliziert vernetztes Nervensystem, das Männern anscheinend fehlt. Statt uns also – wie Frauen es wohl getan hätten – der Situation zu stellen und eine Woche lang gemeinsam hinzusetzen, packten Alexander und ich Regenzeug, eine kleine Reisetasche, eine Kiste Wein und zwei Kästen Bier in den Wagen, schnallten noch ein Tretauto auf den Beifahrersitz und begaben uns auf einen 800-Kilometer-Trip ins Blaue.

Ich bin Alexander – so wie nun auch Hugo – dankbar für seine Unterweisung, was den Umgang mit Gefühlen angeht. Der Unterricht begann sehr bald, und zwar als wir zusammen Briefe schrieben und ich Alexander barsch zurechtwies. (Wenn ich durch die Tagebücher von damals blättere, bin ich entsetzt, wie schroff ich mich verhielt: »Tu dies! Sag jenes! Lass das, dräng mich nicht so!« – Dinge, die ich heute kaum mehr zu ihm sage.) Er blickte auf sein Blatt Papier und bereitete seinen Abgang vor. Mein hastiger Versuch, es besser zu machen, kam zu spät. Sich auf kein Gespräch einlassend, strich er sorgfältig jedes Wort durch, das er geschrieben hatte. Dann stand er langsam und bedächtig auf und stapfte durch den Kies zum Hoftor. Er öffnete das Tor und zog es hinter sich zu; ich hörte, wie er sacht, aber mit tödlicher Entschlossenheit den Riegel vorlegte.

18

Eine unverhoffte Eingebung sagte mir, was ich zu tun hatte. Ich rannte durch den Hof und hangelte mich ungeschickt an der knapp drei Meter hohen Mauer hoch. Er stand vor dem Tor, ganz klein. Ich zeigte mit dem Finger auf ihn und befahl mit lauter, ungnädiger Stimme: »He du! Mach das Tor auf!«

»Nein!«, antwortete er, wobei er versuchte, sich ein Lächeln zu verkneifen.

»Heda!«, sagte ich noch lauter. »Mach dieses Tor auf!«

Die Hände vor der Brust, beugte er sich vor, wie Fünfjährige es tun. »Nein!«, entgegnete er. »Du bist eingesperrt!«

Nachdem ich meine Bitte mehrmals wiederholt hatte (in diesem Alter ist Wiederholung die geistreichste Form von Witz), sprudelte das Lachen aus ihm heraus wie das Wasser aus einer Quelle.

Es gab weitere Gelegenheiten, um eine Situation mit spontaner Raubeinigkeit zu entschärfen. Dann wieder gab es Zeiten, in denen Schluchzen und Entschuldigen die beste Methode waren.

Das folgende Jahr verbrachten wir zwei weitenteils allein, und ich versenkte mich in meine Arbeit. Ohne dass ich es bemerkte, wurde unser Zuhause ein Ort, der für einen Sechsjährigen kalt, langweilig und einsam war. Da gab es das Fernsehen, und da gab es Videos. Und da gab es meinen breiten Rücken, Stunden um Stunden vor dem Computerbildschirm gekrümmt.

Winke mit dem Zaunpfahl gab er mir weiß Gott reichlich. Abend für Abend bat er mich, mit ihm die Videoaufzeichnung von Spielbergs *Hook* anzusehen (der Film handelt von einem gestressten Geschäftsmann und nachlässigen Vater, der das Kind in sich entdeckt). Und an fünf von sechs Abenden wollte er vor dem Einschlafen die Geschichte *Hannah und der Gorilla* hören, die von einem viel beschäftigten Vater und dem heimlichen Freund seiner Tochter erzählt. Aber seine Botschaften kamen bei mir nicht an.

Bei den allein erziehenden Müttern, die ich kannte, war es heimelig wie im Bilderbuch: gemütlich und ordentlich, es duftete verführerisch aus den Kochtöpfen und nach Kaffee und Toast. Zur Schlafenszeit putzten die Kinder sich die Zähne, zogen ihr Nachtzeug an und tranken heißen Kakao. Morgens standen sie rechtzeitig auf, um sich in Ruhe das Gesicht zu waschen und ausgiebig mit ihrer Mutter zu frühstücken. Alles in allem Verhältnisse, die sich gründlich von unserer ungeregelten, zuweilen halbwilden Lebensweise unterschieden.

Eines Tages, auf der Heimfahrt von einem Besuch in einem dieser freundlicheren Haushalte, fragte Alexander beiläufig: »Darf ich bei Belinda wohnen?« Er muss gewusst haben, dass seine Frage mich verletzen könnte, denn er fügte hinzu: »Ich könnte dich besuchen kommen, dann wärst du nicht einsam.«

Ich erstarrte innerlich. Nichts wollte ich sehnlicher, als in ihm den Wunsch zu wecken, bei mir zu bleiben. Stattdessen bemerkte ich frostig: »Du willst also wirklich dort wohnen? Dann mach's. Du kannst schon heute Abend hinziehen.«

Danach zog ich mich völlig in mich zurück und sagte keinen Ton mehr. Ich muss sehr grimmig ausgesehen haben, denn auch Alexander versuchte nicht, noch etwas zu sagen.

Nachdem wir aus dem Auto gestiegen waren, ging Alexander nach oben in sein Zimmer, um zu weinen. Ich blieb unten in meinem Arbeitsraum. Schließlich ertappte auch ich mich beim Weinen – so laut, dass er es drei Treppen höher hören konnte. Uns anheulen, das war die einzige Weise, auf die wir zwei Menschenaffen miteinander kommunizieren konnten.

> … Schließlich ertappte auch ich mich beim Weinen – so laut, dass er es drei Treppen höher hören konnte …

Als ich zu ihm hinaufging und ihn fragte, was er denn nun tun wolle, schluchzte er: »Alles, was du willst!« Ich war so dankbar, dass ich meinen Ohren nicht traute.

»Was?«, fragte ich.

»*Alles, was du willst!*«, heulte er.

Der freie Fall der Gefühle, auf den ich mich eingelassen hatte, wirkte verheerend, erst recht, als Hugo zu uns kam. Meine Emotionen ballten sich zusammen wie die Wolken bei einem meteorologischen Tief, und eine triviale Bemerkung von Hugo genügte, sie zum Bersten zu bringen.

Den Anstoß dazu konnte zum Beispiel ein Plan geben, den ich für das Wochenende schmiedete. »Ich fände das zu Weihnachten besser«, mochte er einwerfen, »das ließe sich leichter mit der Schule vereinbaren.« Und schon senkte sich Finsternis herab.

Ich machte ein halbes Dutzend dieser kritischen Stimmungstiefs durch. Sie dauerten eine Woche, bisweilen auch länger. Beim letzten Mal war es so schlimm, dass ich Hugo für eine Weile zurück zu seiner Mutter schickte.

Seine Abwesenheit machte mir klar, wie wichtig Hugo für unseren Gefühlshaushalt war. Zehn Tage blieb er fort, bis ich endlich klipp und klar begriff, dass er sehr viel besser behandelt und vor meinen Gefühlsstürmen geschützt werden musste.

Wie ich diese Stimmungen in den Griff bekam, das weiß ich nicht genau. Jedenfalls lernte ich, ihr Herannahen zu erkennen und sie zu vermeiden – indem ich erstens auf Hugos Einwände (die übrigens meistens ziemlich vernünftig waren) einging und zweitens unbarmherzig jede Verärgerung schon im Keim erstickte.

Heute ist Hugo der ausgeglichenste von uns dreien. Wird ihm etwas zu viel, macht er ganz einfach die Schotten dicht.

Alexander wiederum kann seine Gefühle besser ausdrücken. Zwar lässt sein Schmerz nach, doch kommt er gelegentlich noch in der einen oder anderen Form zum Vorschein.

Anfang diesen Jahres, als wir auf der Autobahn In-den-Wolkenlesen spielten, meinte er, wir sollten uns ein Kabrio zulegen.

»Sieh dir mal die Wolke an, die sieht wie so ein Wagen aus, den Engel fahren«, sagte er in sachlichem Ton. »Hätten wir ein Kabrio oder ein Auto mit Schiebedach, dann könnte Mami uns Nachrichten runterwerfen, hab ich nicht Recht?«

In gewisser Weise tut sie genau das bereits jetzt – was uns nicht davon abhält, ernsthaft mit dem Gedanken an ein Kabrio zu spielen.

3 Was kleine Kinder brauchen

CHARLES FRANSEN

Ich lernte Charles 1998 in Albury kennen. Charles gibt die regionale Männerzeitung »Mankind News« heraus, in der diese Kurzgeschichte erstmals erschien.

Charles ist an erster Stelle Vater und außerdem Landvermesser. Er hat mit seiner Firma ausgehandelt, für ein niedrigeres Gehalt nur vier Tage pro Woche zu arbeiten. Er ist ein Mann, der Beruf, Vaterrolle und das Bemühen, einen sinnvollen sozialen Beitrag zu leisten, miteinander verbindet.

Ausschließlich auf ein wohl ausgewogenes Gleichgewicht von Arbeit und Familie zu achten, genügt nicht. Unser Leben ruht auf vier Säulen: Arbeit, Familie, soziale Gemeinschaft und geistige Nahrung. Wer nur eine davon vernachlässigt, gerät beim leisesten Windhauch ins Wanken.

Es ist ungefähr fünf Uhr am Morgen, als ich aus dem Schlaf schrecke. Vor einer Minute noch im Tiefschlaf, bin ich jetzt hellwach. Ich höre Amy, meine zweijährige Tochter, im Zimmer nebenan husten. Dunkel erinnere ich mich, dass meine Frau sagt, Amy habe vor einer Stunde über Bauchweh geklagt. Der Husten hört sich irgendwie gurgelnd an. Als Nächstes erinnere ich mich daran, dass ich an ihrem Bettchen stehe und ihr helfe, sich aufzusetzen und zu übergeben. Sie ist nicht aufgeregt, denn sie schläft noch halb. Als sie zu sich kommt, halte ich sie auf dem Arm. Sie zeigt sachlich auf die Sauerei in ihrem Bettchen und sagt ruhig: »Weg, weg.« Ich streichle sie, reinige ihr Gesicht und nehme sie mit in unser Bett (hauptsächlich weil ich keine Lust habe, um fünf Uhr in der Frühe ihr Bettchen zu säubern). Sie schläft sofort ein.

Als ich gegen halb acht aufwache, liegt Amy eine halbe Armlänge von mir entfernt da und schaut mich unverwandt an. Sie macht zwar einen stabilen, aber doch ein wenig angespannten Eindruck. Ich lächle und werfe ihr ein Kusshändchen zu. Sie lächelt zurück und streckt ihre Hand nach meinem Gesicht aus. Ich küsse ihre Hand, und sie reicht mir die andere, damit ich sie ebenfalls küsse. Dann kann sie sich nicht länger beherrschen, strahlt, vergräbt ihr Gesicht an meiner Schulter und kuschelt sich an meine Seite. Mir ist klar, dass ich zu spät zur Arbeit kommen werde, doch das erscheint völlig nebensächlich, als ich neben ihr liege und darauf warte, dass sie wieder einschläft. Das tut sie fast unverzüglich und macht im Schlaf ihr Köpfchen frei, um ungehindert atmen zu können.

Das ist die Art von Entschuldigung, die mein Chef nicht akzeptiert. Also mache ich mir über eine Erklärung erst gar keine Gedanken – es ist mir egal. Was zählt, sind der Trost und der Schutz des Vaters, den Kinder brauchen. Und der Lohn besteht in der Liebe, die sie zurückgeben. Das ist die Art von Erlebnis, die mir wieder den richtigen Blickwinkel verschafft. Das ist die Art von Morgen, die mich daran erinnert, was im Leben wichtig ist.

4
Ein kleines Denkmal

PETER CAREY

Peter Carey, einer der gefeiertsten Schriftsteller Australiens, erzählt hier eine Begebenheit, die er selbst erlebt hat. Es ist eine nüchterne Beichte, die nicht um Vergebung bittet und in jedem, der in den Sechzigerjahren jung war, gefühlsstarke Erinnerungen wachrufen wird. Es war eine Sturm-und-Drang-Zeit. Neue Freiheiten und Möglichkeiten wollte die Jugend erkunden – sehr oft, ohne über die (gesellschaftlichen wie individuellen) Schutzmechanismen und Kenntnisse zu verfügen, die für den rechten Umgang damit nötig gewesen wären. Wenige von uns trugen aus dieser Zeit keine Narben davon.

Der in den Sechzigerjahren eingeleitete Prozess der Befreiung von sozialen Zwängen erfährt zurzeit frischen Aufwind. Erneut stellen Männer die ihnen zugewiesenen Rollen in Frage. Neu ist ihre Bereitschaft, unter die eigene Oberfläche zu blicken und sich aufrichtiger und offener zu ihren Gefühlen zu bekennen. Careys Erzählung führt uns vor Augen, dass Trauerarbeit der Beginn von wahrer Freiheit und Einssein mit sich selbst ist.

Wenn ich in letzter Zeit an meine Kinder denke, dann nicht nur an meinen vierjährigen Sohn, der an der Tür rüttelt, während ich schreibe, und seinen achtjährigen Bruder, den ich heute Nachmittag zum Schwimmunterricht bringen werde. Ich denke auch an jene Kinder, die zu vergessen ich lange Zeit versucht habe. Es sind die Kinder aus meiner ersten Ehe, Kinder, die schon lange tot sind.

1961, ich war damals achtzehn Jahre alt, hockte ich im Wartezimmer eines »Engelmachers« in Melbourne. Neben mir saß eine attraktive, fröhlich veranlagte Frau, die meine Ehefrau werden sollte, in jenem Augenblick allerdings noch meine erste feste Freundin war. Wir wollen sie H. nennen.

Viele andere warteten mit uns in diesem Zimmer. Trotzdem fühlten H. und ich uns allein und verängstigt. Wir wussten, dass wir uns in der Praxis eines Arztes befanden, der Abtreibungen vornahm. Doch wir kamen nicht auf die Idee, dass die anderen Männer und Frauen (sie standen nahe der Tür und lasen im *Sporting Globe* und der *Women's Weekly*) sich ebenfalls für einen Schwangerschaftsabbruch entschieden hatten. Sie sahen verheiratet aus, wie anständige Bürger und überhaupt nicht wie Gesetzesbrecher. Eine Frau, sie hatte geschwollene Beine und Krampfadern, saß mit einer Papiertüte auf dem Schoß da und strickte an einem grünen Pullover. Es fiel mir schwer, einen dieser Menschen mit Sex auf einer Autorückbank im Autokino in Verbindung zu bringen – mit irgendwelchen dieser Dinge, die dazu geführt hatten, dass womöglich einer von uns eine körperliche Verletzung davontragen und man uns beide verhaften würde.

Jahre später, als wir Anfang fünfzig und mit anderen Partnern verheiratet waren, trafen H. und ich uns zum Frühstück im Melbourner Hilton. Auf meinen Wunsch hin brachte H. Fotografien aus den frühen Tagen unserer Beziehung mit. Diese Fotos – sie liegen ausgebreitet vor mir, während ich schreibe – machen es mir ganz leicht, mir wieder H.s offenes, blühendes Gesicht, ihren hübschen Körper, ihre gebräunte Haut und ihr kurzes lockiges Haar vorzustellen. Sie trug ein Hemdkleid, das wir – fälschlich – »muumuu« [*muumuu* heißen die locker sitzenden Frauengewänder, die von den Missionaren auf Hawaii eingeführt wurden] nannten, ein leichtes Sommerkleid mit Streifen, das ich aus irgendeinem Grund mit den Erlebnissen verbinde, die uns schließlich in »Schwierigkeiten« brachten. Ich trug ein gelbes Frotteehemd und schwarzweiß karierte Hosen.

Im Jahr zuvor hatte ich noch die Schule besucht, ein Jungeninternat. Nun war ich frei, rauchte, hatte Sex. Ich war ein Enthusiast, ein zwanghafter Redner, ein Möchtegern-Karikaturist. Ich besaß ein Plattenalbum von Ornette Coleman mit dem Titel *Change of the Century*; als ich H. zum ersten Mal begegnete, legte ich für sie das Stück *Una Muy Bonita* auf. Vielleicht haben wir uns damals noch nicht geküsst, aber mir gefällt die Vorstellung, dass wir es taten, 1961 in Melbourne zur Musik von Ornette Coleman.

1961 schlossen in Melbourne die Bars um sechs Uhr abends. Es war noch die Zeit der rigiden »White Australia«-Politik. Man konnte wegen eines Schwangerschaftsabbruchs verhaftet werden oder weil man den *Ulysses* von James Joyce las.

H.s Bruder besaß einen MG-TD und ein schweres Ronson-Feuerzeug, das eine gewisse Wesensverwandtschaft mit einem Cadillac aufwies. Im Arbeitervorort Dandenong lagen er und seine Freunde im Wohnzimmer herum und fackelten mit ihren Ronsons ihre Fürze ab. Sie legten sich auf den Rücken, zogen die Knie an die Brust und den Hosenstoff über dem Hintern stramm. Mit den Fürzen entfuhren den Hosen blaue Stichflammen. H.s Bruder trug eine Bäckerhose; ich sehe die Hose heute noch vor mir und die blaue Flamme, die aus ihr aufschießt.

Fürze abfackeln fand ich kindisch. Aber dass Bäckerhosen cool waren, wusste ich. Ich kannte H.s Bruder keinen Monat, da hatte ich mir bereits eine gekauft. (Heute, nach vierunddreißig Jahren, kann man in New York City noch Küchenhilfen sehen, die auf dem Bürgersteig hocken, eine Zigarette rauchen und genau solche Hosen tragen wie die, die ich nicht ablegte in jenem Frühling, in dem ich damit beschäftigt war, mich zu verlieben, mich als Dichter zu versuchen und meine Schwerkraftberechnungen zu fälschen, als ich drauf und dran war, durch eine naturwissenschaftliche Prüfung zu rasseln.) Ich trug die Hose auch vier Monate später noch, als ich mich nach einer Abtreibungsmöglichkeit zu erkundigen begann und Münzen in einen öffentlichen Fernsprecher warf, um einen Arzt (dessen Namen und Anschrift ich hier ändern muss) anzurufen. Es war acht Uhr abends, und Zementlaster donnerten vorbei. Ich wollte diesen Arzt bitten, das Gesetz zu brechen, und ich staunte über mich selbst und hatte zugleich Angst.

»Freddie«, sagte ich, als der Arzt sich meldete. »Hier ist Peter Carey.« Er wusste natürlich, wer ich war. Er praktizierte in dem

Badeort, in dem meine Familie die Ferien zu verbringen pflegte. Sein Vater war mit meinem Vater befreundet gewesen. Er hieß Dr. Colman – beide hießen so, Vater wie Sohn, die allgemein allerdings als Dr. Freddie und der junge Dr. Freddie bekannt waren. Nun, da der Vater tot war, war dessen Titel auf den Sohn übergegangen: Dr. Freddie. Er war ein gebildeter Mann, der junge Freddie. Er zog es vor, »varsity« statt »university« zu sagen, was in meinen Ohren äußerst weltmännisch klang. Er war katholisch und wohnte im selben Haus wie seine Sprechstundenhilfe, eine Aussage, deren tiefere Bedeutung mir damals entging.

»Hallo Peter«, antwortete er.

»Freddie«, sagte ich, »ich glaube, meine Freundin ist schwanger.«

»Okay«, meinte er. »Und weshalb glaubst du das?«

»Ihre Periode ist ausgeblieben.«

»Seit wann ist sie überfällig?«

»Seit zwei Monaten«, entgegnete ich. »Ich wollte dich fragen, ob du uns vielleicht helfen kannst.«

Es trat ein langes Schweigen ein.

»Ich wüsste nicht, mit wem ich sonst sprechen sollte«, sagte ich. »Entschuldige bitte, Freddie.«

»Ich glaube, es ist am besten, wenn du bei mir vorbeikommst.«

»Morgen?«

»Ja, das passt.«

»Soll ich meine Freundin mitbringen?«

»Nicht nötig, altes Haus.«

»Danke, Freddie.«

»Und Peter, nenn mich nicht Freddie. Du kannst mich Dr. Colman nennen.«

Als ich aufhängte, drehten meine Gedanken sich nicht mehr um H.s Schwangerschaft, sondern um diese beschämende Zurechtweisung. Ich fühlte mich beschissene vierzehn Jahre alt.

Tags darauf fuhr ich nach Süden in Richtung Portsea, nicht nach Portsea selbst, sondern in ein kleines Nachbarstädtchen. Ich saß in Dr. Colmans Wartezimmer, zusammen mit den Farmern und den Ruheständlern mit ihren weißen Panamahüten und den jungen Müttern aus den Wohnsiedlungen, in denen die Straßen Namen wie Amethyst und Saphir trugen. Meine Familie hatte hier so viele Sommer verbracht, so viele Ostern, Weihnachten und Wochenenden, dass Menschen, die mir völlig fremd waren, haarklein erzählen konnten, wie ich mir als zweijähriges Kind den Fuß an einer Glasscherbe verletzt hatte.

Dr. Colmans Praxisräume waren mir so vertraut wie unser Wohnzimmer: der schiefe Gasofen, das geborstene Ruder eines Rettungsboots, der aus einer Kanonenkugel gegossene Aschenbecher, die Fotografie, die den alten Dr. Freddie in einem schwarzen Schwimmanzug am Strand zeigte, die Untersuchungsliege aus rissigem Leder, auf der mir in einer äußerst schmerzhaften Prozedur eine Papillargeschwulst am Zeh entfernt worden war.

Als ich endlich ins Sprechzimmer gerufen wurde, saß der junge Freddie in seinem Sportsakko aus Harris-Tweed und eine Craven A rauchend hinter seinem Schreibtisch. Mir war sofort klar: Er hatte sich bereits eine Strategie überlegt. Er zog einen kleinen Zettelblock zu sich heran und begann zu schreiben.

»Das ist für den Test«, sagte er, riss das Blatt ab und schob es mir über den Tisch zu. »Es handelt sich bloß um einen kleinen Test.«

»Okay«, erwiderte ich, »danke. Das ist sehr freundlich von Ihnen.«

»Vielleicht ist sie gar nicht schwanger. Das dient nur als Test. Hast du verstanden?«, fragte er mich streng und blickt mich über seine Brille hinweg an.

»Ich glaube, sie ist wirklich schwanger. Es ist über zwei Monate her, wissen Sie.«

»Das soll lediglich sicherstellen, dass sie nicht schwanger ist«, betonte er.

»Und wenn sie es aber doch ist?«, beharrte ich.

»Es sorgt dafür, dass sie ihre Periode bekommt«, sagte er schließlich. Er war katholisch. Möglicherweise dachte er ungern nach über das, was er hier tat.

»Okay. Gehe ich damit in die Apotheke?«

»Ja, aber nicht hier. Mach's in der Stadt, der Typ dort ist gut.«

»Danke«, sagte ich. »Vielen, vielen Dank, Dr. Colman. Wäre es möglich, dass Sie meinen Eltern nichts sagen?«

Er schüttelte mir die Hand: »Reich das in der Stadt ein, der Kerl ist in Ordnung.«

Ich besaß einen Armstrong Siddeley, Baujahr 1949, mit Lederpolster, Schiebedach und futuristisch anmutendem Automatikgetriebe. Sechs Monate später sollte dieser elegante alte englische Schlitten auseinander fallen und mich fast umbringen. Er sollte mir die Haut vom Schädel absäbeln und meine dilettantischen dichterischen Ergüsse über und über mit melodramatischem Blut besudeln. An jenem Frühlingsvormittag des Jahres 1961 jedoch schien ihm nichts zu fehlen, und ich fuhr ihn zurück in die Stadt, den Bleifuß auf dem Gaspedal. Ich nahm die Nebenstrecke und lehnte den Arm aus dem Fenster. Der Himmel war ein einziges Kobaltblau. Ich glaubte, unsere Sorgen hätten ein Ende.

Aus dem, was sich dann in jener Melbourner Apotheke abspielte, habe ich später eine witzige Romanszene gemacht. Damals aber war es gar nicht lustig. Der Apotheker musterte den Zettel und bemerkte, das sei kein Rezept, weil der Name des Arztes fehle. Er zeigte mir den Zettel. Er hatte Recht. Mein netter Hausarzt war einem Anfall von Feigheit erlegen, der eine solch komplexe Ursache besaß, dass ich die Sache heute noch nicht verstehe. Er hatte den Namen eines Medikaments auf ein blankes Blatt Papier geschrieben, ohne Unterschrift und Preisgabe seiner Identität.

Der Apotheker fragte, ob ich den Verwendungszweck kenne. Er fragte das sehr laut. Ich war ein Achtzehnjähriger, der so jung aussah, dass er in Jimmy Watson's Wine Bar häufig nicht bedient wurde. Da stand ich also in der Apotheke, mit herabhängenden schlaksigen Armen, und spürte, wie mir das Blut in die Wangen schoss.

»Weißt du, was das Medikament bewirkt?«

Ich zögerte. »Ja«, antwortete ich.

»Ich könnte die Polizei rufen«, erwiderte der Apotheker. Es waren andere Kunden anwesend – erwachsene, ehrbare Menschen, die sich zu mir drehten und mich anstarrten. Ich stolperte aus dem Geschäft, und ich kann mich noch gut an das Gefühl von Panik, Schuld und drohendem Unglück erinnern, das mich erfüllte, als ich davonlief, um mich tief in der Menschenmenge der Stadt zu verstecken.

Einige Jahre später war das Thema Abtreibung ein heißes öffentliches Eisen. Es gab Polizeirazzien, richterliche Untersuchungen, Bilder in der Presse. Die Namen und Adressen von Ärzten, die Schwangerschaftsabbrüche vornahmen, wurden allgemein bekannt. 1961 jedoch war es ungleich schwieriger, solche Namen und Adressen in Erfahrung zu bringen: Ein Freund gab uns eine Telefonnummer, die er hastig auf einen Schnipsel Papier kritzelte.

H. wählte die Nummer von einer Telefonzelle aus an. Eine Stimme antwortete mit einem schlichten »Ja?«. H. erklärte nervös ihre »Lage«, woraufhin man ihr sagte, wann wir uns wohin begeben sollten. Und fünfzig Pfund sollten wir mitbringen. Das war 1961 ein Haufen Kohle. Wir kannten niemanden, der fünfzig Pfund besaß.

Dann fanden wir doch noch einen Wohltäter – einen meiner Zoologieprofessoren. Professor T. war ein gütiger Mann. Er bat uns zu sich nach Hause, und seine Frau kochte für uns zu Abend. Gleichwohl überraschte es uns nicht, dass er sich juristisch hatte beraten lassen, ehe er uns das Geld lieh.

Als wir die zehn dunkelblauen Fünf-Pfund-Scheine in Händen hielten, das Wartezimmer gefunden hatten und H. untersucht worden war, konnten wir immer noch nicht aufatmen.

»Sie ist im dritten Monat«, erklärte die rotblonde Sprechstundenhilfe. Sie sagte dies zu mir, nicht zu H. »Ohne Einwilligung ihrer Eltern können wir nichts unternehmen.«

»Wir haben die fünfzig Pfund«, gab ich zurück. »Wir haben sie dabei.«

»Gehen Sie«, antwortete sie. »Kommen Sie nochmal mit ihrer Mutter oder ihrem Vater.«

Das war 1961, aber wir lebten noch nicht in den Sechzigerjahren. Hätte es die Pille gegeben, wäre uns das nicht aufgefallen. Es war vor Haight-Ashbury, vor Woodstock. In Wirklichkeit steckten wir in den Fünfzigerjahren, und man erwartete, dass Jugendliche ihre Kleidung am Leib behielten, wenn sie sich trafen. Jener Frau, die ich Frau Z. nennen werde, zu sagen, dass ihre Tochter und ich miteinander Sex gehabt hatten, war schlicht undenkbar. Ihr zu eröffnen, dass die Tochter schwanger war, hieß der Mutter eine solche Schande bereiten, dass gar nicht daran zu denken war.

Natürlich taten wir es trotzdem. Wir taten es, so wie wir auch die anderen Dinge getan hatten, so wie wir uns die fünfzig Pfund geliehen und an der Tür des Engelmachers geklingelt hatten. Wir taten es an einem ruhigen kleinbürgerlichen Nachmittag in Dandenong, in einem gemütlichen unordentlichen Haus, das mir zur zweiten Heimat geworden war.

Wir saßen in der Küche und tranken Tee. Einer von uns sagte es dann. Wer? Ich weiß es nicht. Einer von uns machte den Mund auf und sprach die Worte aus. H.s Mutter neigte zu sporadischen Ausbrüchen bizarrer Aufregung, doch sie nahm die Nachricht ruhig auf – weitaus ruhiger, als wir je gehofft hätten.

Wären wir etwas älter gewesen und etwas weniger ängstlich, hätte uns dies weniger erstaunt: In der spießigen Welt, in der wir lebten, galt diese Frau als Paradiesvogel. Als Teenager hatte sie versucht, aus einem abgelegenen Städtchen im Busch auszureißen, bei sich nichts als einen ungeladenen Revolver. Sie hatte auf den Einladungskarten zu ihrer Hochzeit das falsche Datum angegeben – mit Absicht. Hausarbeit – Geschirr spülen, Staub wischen – mochte sie nicht; man wusste, dass sie monatelang zerknüllte Bettlaken im Waschsalon liegen ließ. Sie machte die Betten nicht. In der Küche stapelte sie die Zeitungen anderthalb Meter hoch und wartete darauf, dass sie die Zeit finden würde, sie zu lesen. Das war vor der Frauenbewegung, und es gab niemanden, der ihr sagte, dass sie sich ganz richtig verhielt. Es war ihr egal.

Sie war, wie ich heute begreife, keine Frau, die ihre älteste Tochter dazu bewegen wollte, im Alter von zwanzig Jahren in die Mutterrolle zu schlüpfen. Deswegen wurde sie rasch zu unserer Verbündeten, und sie begleitete uns, als wir uns zum zweiten Mal zu jenem einstöckigen viktorianischen Reihenhaus in der G. Road begaben. Als die Sprechstundenhilfe die fünfzig Pfund nachzählte, stand Frau Z. neben uns. Und während H. sich dem Eingriff unterzog, saß Frau Z. mit mir im Park.

Und dort, auf einer Parkbank in der Sonne, unterhielten wir uns, meine zukünftige Schwiegermutter und ich. Ich war zwar wie betäubt, doch als sie sagte: »Das passiert nicht, wenn man es nur einmal tut«, da beschloss ich, so zu tun, als verstünde ich nicht, was sie damit fragen wollte. Ich weiß noch, wie erleichtert ich war, dass wir so freundschaftlich und unbefangen miteinander umgingen.

Während wir also auf einer Parkbank saßen, verlor H. ihr Baby. Ich sah sie danach im Wartezimmer. Sie schien seltsam unverändert und hatte sich zugleich doch völlig verändert. Sie war blass und zittrig, verloren in ihrem Schmerz. Wir fuhren über den Princess Highway und durch die Arbeitervororte mit solch unpassenden Namen wie Noble Park zurück nach Dandenong, wo sich die arme H. mit einer Wärmflasche ins Bett begab. Ich weiß nicht mehr, welche Lüge wir ihrem Vater auftischten. Er war ein guter und anständiger Mann. In Gedanken sehe ich mich immer noch schuldbewusst und verlegen vor ihm stehen.

Ich glaube, H. und ich haben nie über dieses Baby gesprochen. Trotzdem glaube ich nicht, dass wir, hätten wir nochmals die Wahl gehabt, irgendetwas anders gemacht hätten. Sie muss um dieses Kind getrauert haben, aber sie hat nie etwas davon gesagt, und ich war jung und unreif, und es wäre mir nie in den Sinn gekommen, dass sie trauern könnte.

Unsere Liebe hielt, und so führten wir dann unsere neue junge Ehe und unsere neuen jungen Leben. H. war 23, ich 21 Jahre alt. Wir bereisten die Welt – Asien, den Nahen Osten, Europa, London.

Wir kehrten heim nach Australien, zu dreitausend Quadratmetern und einem kleinen Haus. Wir pflanzten Hunderte von Bäumen, Eukalypten, Akazien und Myrtenheide. Wir waren bereit für die Familiengründung. Ich hatte eine Anstellung in einer Werbeagentur und schrieb abends Kurzgeschichten. H. arbeitete beim Roten Kreuz. Wir waren nun 27 und 29 Jahre alt und jene Sache schien lange her.

H. wurde schnell schwanger. Ich erinnere mich an ihren langsam anschwellenden Bauch, an die Abende vor dem Kaminfeuer, an das Gefühl von Heimeligkeit, an die Gewissheit, wie mein Leben, das Leben weitergehen würde.

Das war 1970, und die Welt war dabei, sich zu ändern. Wir waren im Vietnam Moratorium Committee aktiv und wussten, dass unser Telefon abgehört wurde. Wir waren Sozialisten. Unsere Regale waren voll gestopft mit Büchern von Franz Fanon und Regis Debray, aber auch von Becket, Faulkner und Ursula Le Guin. Wir spielten *Blonde on Blonde* so laut, dass die Fenster wackelten, und dennoch waren unsere Lebensvorstellungen in den Fünfzigerjahren verwurzelt. Keiner von uns beiden war der Ansicht, dass H. Karriere machen sollte. Sie war eine gute Philosophiestudentin gewesen, hatte das Studium jedoch abgebrochen, um Fotoassistentin zu werden. Und obwohl sie eine begabte Fotografin war, entwickelte sie nie besonderen Ehrgeiz. Sie konnte etwas anpacken und genauso davon ablassen. Sie konnte in der Sonne liegen. Sie liebte abstrakte philosophische Gedankenspiele. Als sie über vierzig war, lange nach unserer Trennung, begann sie, Kartographie zu studieren; wenn ich sie mir bei ihrem Studium vorstelle, dann angetrieben von Faszination und Staunen, weniger von Ehrgeiz. H. besaß eine Gelassenheit und Intelligenz, die ich, ein von nervöser Energie und überspannten Träumen erfüllter Mensch, beneidenswert sexy fand.

Für Kinder auf eine eigene Karriere verzichten, das war für sie keine Frage. Es war unser beider Wunsch, und mit ihrem schwellenden Bauch nahm unser Wunsch zunehmend Gestalt an. Es gab keine Schwangerschaftskurse, keinerlei Geburtsvorbereitung, doch es gab unser Baby: Wir lagen im Bett und spürten sein Strampeln.

H. sagt, es sei Sommer gewesen, aber meiner Erinnerung nach war es Herbst. Der Frost hatte noch nicht eingesetzt, doch es war bereits so kalt, dass wir Feuer machten. Es war gegen Mitternacht, die Asche im Kamin grau und die Wärme aus dem Haus abgezogen, da rüttelte H. mich wach.

Ich habe das Schlafzimmer noch vor Augen: die Backsteinwände schmucklos wie die einer Zelle, den langen Vorhang aus Jute. Ich schaltete das Licht an – eine nackte Glühbirne, die an der Wand aus ihrer schwarzen Bakelitfassung ragte.

»Die Fruchtblase ist geplatzt«, sagte H.

»Das kann nicht sein. Du bist erst im fünften Monat. Das passiert doch erst bei der Geburt.«

»Aber es ist alles nass.«

Das stimmte. Im harten, gefühllosen Lichtschein sah ich, dass die Laken nass waren. Aber ich wollte nicht für möglich halten, was passiert war. »Vielleicht hast du ins Bett gemacht.«

»Das ist kein Urin. Es ist Fruchtwasser abgegangen.«

Wir riefen den Arzt an. Er sagte, wir sollten ins Krankenhaus kommen; das Krankenhaus war etwa zwanzig Minuten entfernt. Der entscheidende Punkt ist: Wir wussten nicht, was los war. Verdammt noch mal, wir hatten nicht die leiseste Ahnung. Wir schlossen das Haus ab, holperten den steilen Lehmweg hinunter und fuhren über Schotterstraßen hinaus in die Vorstadtnacht.

Ich könnte Ihnen heute noch den Weg zum Krankenhaus erklären – Lower Plenty Road, Heidelberg Road –, doch den Namen des Vororts habe ich vergessen. Es war ein kleines Krankenhaus aus rotem Backstein nahe einer Eisenbahnlinie, aber ich weiß nicht mehr, wie es hieß.

Und dort, in einem Einbettzimmer, lag meine Frau in den Wehen. Es waren ihre ersten Wehen. Wurden die Wehen künstlich eingeleitet? Ich weiß es nicht. Damals wusste ich noch weniger. Wussten wir, dass wir unser Kind verloren? Ja, wir wussten es. Nein, wir wussten es nicht. Wir wussten es, weil man es uns sagte, doch wir glaubten es nicht wegen der Schmerzen, wegen der endlosen rhythmischen Kontraktionen, wegen der Geburt, die da stattfand. Ich hielt H.s Hand, ohne zu wissen, wie ich ihr anders helfen konnte. Und als man mich schließlich fortschickte, da verließ ich dankbar den Raum und wartete auf einem von Neonlicht erhellten Gang, der sich immer wieder in meine schriftstellerische Arbeit drängt.

Und dann kam das Baby zur Welt, tot. Ein Mädchen. Ob ich es gesehen habe? Nein, und doch kommt es mir manchmal vor, als hätte ich es gesehen. Es hat sich mit dem nächsten Mal verwischt – ja, es gab ein nächstes Mal, obgleich wir in jener Nacht nicht wussten, dass dieser Fall eintreten sollte.

Lassen Sie mich nun von diesem nächsten Mal berichten. Was ich erzähle, soll für beide Male stehen, die sich in meiner Erinnerung zu einem Erlebnis vermischt haben.

Wir hatten akzeptiert, dass mit dem ersten Baby »etwas nicht stimmte«, dass es »richtig« war, es zu verlieren, aber wir wussten nicht, dass noch mehr Babys sterben sollten, ehe diese, unsere Geschichte ausgestanden wäre: dass es Jahre dauern sollte, bis H. und ich uns im Melbourner Hilton treffen und uns, neben Fotos aus unseren jungen Jahren, Aufnahmen von Babys zeigen würden – von Babys aus unseren zweiten Ehen.

Als wir noch miteinander verheiratet waren, wussten wir nicht, dass die fünfzig Pfund, die die rotblonde Frau so sorgfältig nachgezählt hatte, uns zugleich einen »schwachen Gebärmutterhals« bescherten und damit die Ursache dafür, dass die nächste Schwangerschaft sich wiederholte wie eine Folge von *Letztes Jahr in Marienbad*. Sie spulte ihren langen, unerträglichen Handlungsfaden im selben Schlafzimmer mit denselben nüchternen Backsteinmauern und derselben nackten Glühbirne ab; nach wie vor fehlte der Schatten, der gemildert hätte, was der Schein erhellte.

Wie bei allen Albträumen war die Wiederholung nicht exakt. Dieses Mal waren es Zwillinge, und sie lebten, als die Wehen vorüber waren. Eine Schwester tauchte aus einer Tür auf und fragte mich, ob ich sie sehen wolle. Ich befand mich wieder auf diesem verfluchten Gang. Ich hatte Angst.

Ich ging durch eine Tür, und dort lagen sie – ein Junge und ein Mädchen, mit perfekten kleinen Händen und Gesichtern. Sie waren winzig und zart, aber es fehlte ihnen nichts. Sie besaßen vertraute Gesichtszüge – Erbteile meiner Familie, die ich später bei meinen Söhnen wieder entdecken sollte. Ich stand da und betrachtete unsere wunderschönen Babys im Sauerstoffzelt und konnte nicht fassen, dass sie sterben würden.

Ich stand da und betrachtete unsere wunderschönen Babys im Sauerstoffzelt und konnte nicht glauben, dass sie sterben würden.

Zur Schwester gewandt, fragte ich: »Werden sie es schaffen?«

»Nein«, seufzte sie, »nein.«

Wie lange sie lebten, meine Babys? Ich schwöre, ich weiß es nicht. Wie es kommt, dass ich so ignorant bin? Ich denke, ich floh vor dem Schmerz, wir flohen vor dem Schmerz, vor dem Wissen, zogen es vor, uns nicht zu erinnern.

Ich konnte es nicht ertragen, zu wissen, was wir verloren hatten. Ich saß mit H. in ihrem Zimmer im Krankenhaus.

»Hast du sie gesehen?«

»Ja.«

Wir weinten gemeinsam; wir beweinten unseren Verlust. Offenkundig war ich nicht herzlos. Doch so werde ich Ihnen wohl erscheinen, wenn ich den Fortgang der Geschichte erzähle.

Es ist elf Uhr vormittags, und ich sitze mit Frau Z. im Büro eines Bestattungsinstituts. Wir sitzen an der einen Seite eines Schreibtischs, an der anderen der Inhaber. Er ist ein Mann um die fünfzig, mit einem grauen Pullover unter dem Anzug. Ich schreibe unappetitliche Kurzgeschichten, habe ein käsiges Gesicht und lange Haare, die gewaschen gehören.

Da sitzt er, dieser Mann, und fragt mich nach meinen Wünschen für die Bestattung der Zwillinge.

Ich bin nicht religiös, und ich kann den sakralen Geruch des Bestattungsinstituts, die Blumen, die salbungsvollen Stimmen, die geheuchelte Anteilnahme nicht ausstehen. Tot ist tot. Namen auf

35

Gedenktafeln setzen, Gebete sprechen – all das ist Schwindel, ist auf-
geblasene Scheiße gegenüber dem Nichts des Todes. In diesem Punkt
bin ich mir mit meiner Frau einig, die während dieses Gesprächs mit
dem Bestattungsunternehmer die erste der Tabletten schluckt, die
den schmerzhaften Milchfluss stoppen sollen, Muttermilch, um die
toten Kinder zu nähren, über die wir reden.
Langsam gehen wir die Optionen durch. Wir einigen uns auf Ein-
äscherung. Wir einigen uns darauf, dass die Asche in einer Mauer-
nische verwahrt werden soll. Ich frage nicht, wo die Mauer steht und
wie sie aussieht, aber ich stelle mir sie vor als Wand aus modrigem
rotem Backstein mit vielen Türchen, ungefähr so wie die Briefkas-
tenfront eines großen Mietshauses. Es ist ein bleibendes Bild – eines,
das mir deutlich vor Augen schwebt, nachdem ich das Gesicht des
Bestattungsunternehmers längst vergessen habe.
»Und was ist mit den Namen?«
»Keine Namen«, sage ich.
»Bist du sicher?«, fragt meine Schwiegermutter.
»Ich glaube nicht an Gott«, entgegne ich.
Das ist natürlich nicht der Punkt. Sie weiß, dass das nicht der
Punkt ist. Sie weiß, es ist Kummer, der mich grimmig macht und
verletzlich.
»Später«, sagt sie sacht, »meinst du nicht, dass du es später viel-
leicht bereust?«
Sie denkt bestimmt an ihre Tochter und daran, wie sie selbst emp-
finden würde.
»Bist du sicher, dass du es später nicht bereuen wirst?«

Jetzt ist »später«. Wenn ich zurückdenke an Australien im Jahr 1961,
habe ich das Gefühl, in einer finsteren, ignoranten Zeit aufgewachsen zu sein: in einer Zeit, in der die Einwanderungspolitik rassistisch
und große Werke der englischen Literatur verboten waren, in der
Abtreibungen heimlich, illegal und nicht immer sorgfältig durchge-
führt wurden. Wenn ich mir dies vergegenwärtige und unsere
Geschichte, die Geschichte von H. und mir, bedenke, dann sehe ich
keine Möglichkeit für einen anderen Verlauf der Dinge.
Ich wünschte nur, wir hätten diese Kinder mit einer Gedenktafel
geehrt, mit einem Namen. Das werde ich immer wünschen, immer
und ewig.

Das Pferd, auf das ich gesetzt habe

MICHAEL LEUNIG

Michael Leunig hat sich im Lauf der Jahre vom politischen Karikaturisten zum schrullig-scharfsinnigen Kommentator der Abgründe unseres Alltagslebens entwickelt. Er kommt dem australischen Ideal einer geistigen Führerfigur wohl am nächsten. Mit sicherem Gespür deckt er neue Formen von Unterdrückung auf, gleich, ob es um das Korsett des wirtschaftlichen Rationalismus geht, um das Problem der Hortkinder oder um Großspurigkeit und Gemeinheit, die als Selbstbewusstsein verkleidet daherkommen. Dennoch sind seine Cartoons (abgesehen vielleicht vom Thema Jet-Skiing ...) nicht aggressiv. Vielmehr spricht aus ihnen ehrliches Mitgefühl. Die Australier haben Michael Leunig die höchste ihrer Auszeichnungen verliehen: Seine Werke kleben an Millionen von Kühlschranktüren.

Dieser Cartoon bringt auf den Punkt, was Männerbefreiung meint. Die Philosophie unserer modernen Tage lautet: »Arbeite, bis du umfällst, kauf, bis du genug hast« (wohl wissend, dass wir auf diese Weise nie genug bekommen). Laufen Sie diesem Ziel nicht länger hinterher. Springen Sie über den Zaun. Bahnen Sie sich Ihren eigenen Weg durchs Leben. Sie werden es nicht bereuen.

Das einzige Pferd, auf das ich jemals gesetzt habe, drehte sich um und lief in die verkehrte Richtung.

Gleich zu Beginn des Rennens machte es kehrt, sprang über den Zaun und entschwand den Blicken.

Eine Woche später erspähte ich es hoch in den Bergen und immer noch gut in Form. Es sprang über eine mächtige Kluft und verschwand im Nebel.

Etwa ein Jahr später sah ich es wieder. Es kämpfte sich durch raue See, vom Ufer weit entfernt. Das Pferdchen sah prächtig aus, echt prächtig.

Es vergingen Jahre.
Dann sah ich es durch
ein furchtbares Feuer
galoppieren. Ich sah es
eine weite Wüste durch-
queren. Ich sah, wie
tollwütige Hunde es
hetzten. Ich sah es
auf einer grünen
Weide. Prächtig sah
das Pferdchen aus,
echt prächtig.

Das Pferd, auf das
ich setzte, hat
einen anderen
Weg gewählt.

39

6 Nur ein kleiner Schnitt

IAN HARGREAVES

Schnell und schmerzlos, so wird die Vasektomie gewöhnlich beschrieben. Sie ist eine Verhütungsmethode, für die sich jährlich Zehntausende von Männern entscheiden. Einige dieser Männer haben jedoch erfahren, dass »der kleine Schnitt« nicht ganz so unbedenklich ist, wie man ihnen versichert hat.

Kein medizinischer Eingriff ist völlig frei von Risiken, und es ist wichtig, dass Ärzte jeden Patienten, der eine Vasektomie in Erwägung zieht, sorgfältig über die möglichen Gefahren informieren.

In diesem Beitrag erzählt ein bekannter britischer Journalist von seiner persönlichen schmerzvollen Erfahrung.

Die Informationsbroschüre des Marie Stopes Institute wischte sämtliche Bedenken vom Tisch. Der Eingriff sei »sicher, einfach und wirkungsvoll … eine weltweit empfohlene Methode der Familienplanung für Männer, die eine dauerhafte Verhütungslösung wünschen«. Ein Schaubild illustrierte die Prozedur: einen Einschnitt von »weniger als einem Zentimeter im Hodensack«, bei dem der Arzt die Samenleiter, die die Samenzellen zum Ejakulat transportieren, durchtrennt und kauterisiert. »Tut es weh?«, fragte die Broschüre. Dumme Frage! Der Patient würde lokal betäubt mit einer Spritze, wie Zahnärzte sie täglich verwenden, wobei »wir [wie die Zahnärzte] nicht garantieren können, dass Sie gar nichts merken«. Danach verspürt man vielleicht »einen dumpfen Schmerz, der sich durch übliche Schmerzmittel wie Paracetamol lindern lässt«. Und die Risiken? »Die Vasektomie ist ein sehr sicherer Eingriff, negative Langzeitfolgen sind extrem selten.« Zwar wurde (und wird immer noch) über einen möglichen Zusammenhang zwischen Vasektomie und Prostatakrebs diskutiert, doch »überzeugende Beweise liegen nicht vor«. Nur ein ausgemachter Angsthase konnte jetzt noch den Eingriff ablehnen.

Der Patient solle die Operation, fuhr die Broschüre fort, nicht als Schritt betrachten, der sich rückgängig machen lässt (obwohl das einem guten Chirurgen meist gelingt). Auf mein Sexualleben würde sie sich auf keinen Fall nachteilig auswirken; schon nach vier Wochen könnte ich mich leidenschaftlichen Liebesspielen hingeben. »Viele Paaren macht Sex mehr Spaß, wenn ihnen die Angst vor einer ungewollten Schwangerschaft genommen ist«, schienen die Verfasser des Blättchens mir zuzuraunen.

Ich war ziemlich gelassen, als ich in der Klinik eintraf, die sich als eine allgemeinmedizinische Praxis in Swansea entpuppte. Die fröhliche Krankenschwester, die mich empfing, kannte ich aus dem *Schwesternreport*, da war ich mir ganz sicher; gleich würde sie mich mit einem Schwall von Zweideutigkeiten überschütten. Stattdessen forderte sie mich auf, Platz zu nehmen und zu gestehen, wie viele Kinder ich bereits gezeugt hatte. Schuldig im Sinne der Anklage. »Ihr Entschluss steht offenbar fest«, konstatierte sie und damit war die Beratung beendet.

Ich ließ meinen Sportslip herunter und streckte mich auf der Liege aus (man hatte mich angewiesen, nicht in Boxershorts zu erscheinen). Nun gesellte sich der Arzt zu der Schwester und mir. Er erklärte, dass er mich zunächst mit einer Spritze, was ein bisschen unangenehm sei, lokal betäuben und dann den Eingriff vornehmen würde. Falls ich Schmerzen verspüre, sollte ich es ihm sagen.

Die Schwester plauderte über ihre religiösen Ansichten und ihr Privatleben. Der Arzt ging auf das Gespräch ein; er erzählte mir von seinem Faible fürs Tauchen und von all den Problemen, die es machte, seine Auffahrt neu pflastern zu lassen. »Bitumen schmelzen Sie hier aber nicht, oder?«, witzelte ich. Inzwischen roch es penetrant nach Verbranntem. Der Arzt kam mir vor wie ein Elektriker, der in einem Loch in der Decke nach verhedderten Kabeln wühlt. Irgendwie schien die Sache nicht nach Plan zu verlaufen. Die Krankenschwester erläuterte ihre protestantischen Anschauungen nun blumiger, dafür aber weniger unterhaltsam. Nach vierzig Minuten durfte ich den Slip wieder hochziehen. Ich solle »es ein paar Tage ruhiger angehen«, riet man mir, dann wäre bald alles in Butter.

Am folgenden Morgen war ich in der gesamten Leistengegend schwarz und blau, blutete spasmodisch und hatte einen Gang wie ein Statist in einem John-Wayne-Western. Vierzehn Tage dauerte es, bis ich mich wieder annähernd normal fühlte. Ich wartete darauf, dass der leise, doch quälende Schmerz sich legen würde.

Außerdem wartete ich auf die Bestätigung, endlich unfruchtbar zu sein. Nach Ablauf der vorgeschriebenen zwölf Wochen begann ich, für den Labortest Plastikröhrchen mit Ejakulat abzuliefern. An Heiligabend erhielt ich die schriftliche Nachricht: Meine Spermien befanden sich noch auf freiem Fuß. Man brauche eine weitere Reihe von Proben. Ich machte mir Sorgen.

Am meisten beunruhigte mich, glaube ich, die Tatsache, dass ein Eingriff, den die meisten Männer völlig problemlos überstehen, mir dermaßen zu schaffen machte. Noch fünf Monate nach der Operation hatte ich jeden Tag Schmerzen. Ich dachte

Noch fünf Monate nach der Operation hatte ich jeden Tag Schmerzen.

zurück an jenen Freitagnachmittag in Swansea, dachte über den Bitumenbelag nach und über die so genannten Freitagnachmittagautos, die an den Hundstagen bei British Leyland produziert wurden ...

Ich schickte weitere Proben ab. Im März kam wieder ein Brief: Meine Spermien ließen sich nicht kleinkriegen. Ich rief beim Marie Stopes Institute an, sagte, dass man den Eingriff womöglich verpfuscht hatte, dass es mir nicht gut ging und dass ich einen Spezialisten in London konsultieren wollte. Man verschaffte mir einen Termin.

Ich erreichte das Marie Stopes House in West London, wo die vom *Guardian* gekürte »Frau des Jahrtausends« anno 1925 ihre Familienplanungsklinik aus der Taufe gehoben hatte. Mir fiel nicht sofort auf, dass man mir einen Termin zu Beginn eines Nachmittags gegeben hatte, der völlig dem Kappen von noch mehr männlichen Samenleitern gewidmet war. Doch da der Arzt mit neunzig Minuten Verspätung eintraf, gab es in dem kleinen, von Nervosität erfüllten Wartezimmer reichlich Zeit für Gespräche.

Außer mir saßen dort drei Paare.

»Guter Mann, Sie sind der Erste«, sagt ein Mann in Lederjacke. »Passen Sie auf, dass Sie nicht alle Messer verschleißen.«

»Es tut nicht weh«, wirft eine Frau von der Stuhlreihe gegenüber ein. Sie sieht aus, als zerbreche sie Telegrafenmasten über ihren Knien, um sich fit zu halten.

»Kennen Sie eigentlich jemanden, der das hat machen lassen?«, forscht Lederjacke.

»Ja, eigentlich schon«, antworte ich. »Ich hab's machen lassen.«

»Warum sind Sie dann hier?«

»Weil's nicht geklappt hat.«

Das Schweigen, das nun einsetzt, ist gespannt.

»Hat nicht geklappt? Was heißt das?«

»Tja, ich hab den Eingriff vergangenen Sommer machen lassen, und meine Testergebnisse sind immer noch positiv. Aber hergekommen bin ich, weil ich außerdem leichte Schmerzen habe.«

»Schmerzen? Wieso? Es heißt, es gibt keine Probleme.«

»Hören Sie mal«, sagt die Telegrafenmasten-Knackerin. »Ich finde es nicht richtig, dass Sie die Leute hier verunsichern.« Sie mustert ihren versteinerten Mann.

»Er hat gefragt, weshalb ich hier bin«, entgegne ich. »Und ich habe es ihm gesagt.«

Erneutes Schweigen.

Endlich tauchte der Urologe auf. Er sah sich meine »Unterlagen« an – das Formular, das ich seinerzeit ausgefüllt hatte und auf dem beschriftete Felder die Testergebnisse meiner außergewöhnlichen Lieferung von Proben festhielten. Ich fragte ihn, ob ihm der Arzt bekannt sei, der den Eingriff vorgenommen hatte. »Kann seinen Namen nicht entziffern«, meinte er.

Ich beschrieb den periodisch auftretenden Schmerz in meinem rechten Hoden. »Bei Vasektomien besteht ein Risiko chronischer Schmerzen«, gestand der Urologe. »Manche Patienten haben ihr Leben lang Schmerzen, doch der Prozentsatz ist sehr niedrig: nur 0,1 Prozent.«

»Warum wird das in Ihren Informationen unterschlagen?«

»Weil das Risiko so gering ist, dass wir nicht verpflichtet sind, darauf hinzuweisen.«

»Nun zur Fruchtbarkeit. Wie schätzen Sie meine Aussichten ein?«

»Anscheinend zeitigt der Eingriff in Ihrem Fall keinen Erfolg. Für ein abschließendes Ergebnis müssen Sie noch eine Probe abgeben, aber viel Hoffnung besteht nicht.«

»Welche Möglichkeiten habe ich?«

»Sie können sich ein zweites Mal operieren lassen, allerdings unter Vollnarkose.«

»Werde ich dann auch keine Schmerzen mehr haben?«

»Das ist unwahrscheinlich, aber es lässt sich schwer voraussagen.«

Als ich unzufrieden über die Whitfield Street zurückfuhr, war ich auf den Autor von *Married Love and Wise Parenthood* nicht gerade gut zu sprechen. Ich hatte etwas vor, was ich noch nie in meinem Leben getan hatte: Ich wollte eine zweite Meinung einholen.

Ein befreundeter Allgemeinmediziner hörte sich im Kollegenkreis nach einem guten Urologen um und verwies mich an einen Mr. Chinegwundoh im Lon-

> **Er sagte mir ..., er weise seine Vasektomie-Patienten darauf hin, dass die Wahrscheinlichkeit chronischer Hodenschmerzen bei vier Prozent liegt.**

don Independent Hospital. Dieser sagte mir, und belegte es schriftlich, er weise seine Vasektomie-Patienten darauf hin, dass die Wahrscheinlichkeit chronischer Hodenschmerzen bei vier Prozent liegt. Er bestätigte, dass ich mich für eine erfolgreiche Sterilisation wohl einer zweiten Operation unterziehen müsse.

Das Einzige, was ich nun mit Sicherheit wusste, war: Ich würde keinem Chirurgen mehr zutrauen, durch einen chirurgischen Eingriff verursachte Probleme beseitigen zu können. Vielleicht sollte ich vor Gericht ziehen, aber was würde mir das bringen außer einer gewissen Vergeltung? Ich beschloss, damit zu leben. Still vor mich hin zu klagen und zu grübeln. Mein Grübeln bewegte sich in zwei Richtungen. Einerseits gab ich mich meinem Verdruss hin, der stillen Wut auf eine Organisation, die für ihre Methode der Geburtenkontrolle dermaßen die Werbetrommel rührt, dass sie aus dubiosem Erfolgsdenken medizinische Fakten vertuscht. Andererseits durfte ich mich nicht allzu sehr beklagen. Gemessen an den Gefahren, die für Frauen im Zusammenhang mit Sex und Fortpflanzung bestehen, ist eine Vasektomie keine große Sache. Kinder gebären ist nicht ohne Risiko. Selbst im blühenden Blair'schen Britannien von heute laufen die 50.000 Frauen, die sich jährlich sterilisieren lassen, immer noch Gefahr zu sterben, und zwar meist an den Folgen der Narkose.

Außer einem Mann, der die Internet-Initiative »Männer gegen Vasektomie« ins Leben gerufen hat (und den die Folgen seiner Operation 185.000 Dollar gekostet haben), gibt es keine wirklich überzeugenden Beweise dafür, dass eine Vasektomie die Wahrscheinlichkeit erhöht, sich Unterleibskrebs und andere Krankheiten zuzuziehen.

Was es allerdings mit Sicherheit gibt, ist die Gefahr chronischer Schmerzen. In meinem Fall sind diese weiterhin vorhanden. Sie treten periodisch auf und sind nicht lähmend, aber lästig. Hätte ich von diesem Risiko gewusst, hätte ich mich vermutlich trotzdem vasektomieren lassen. Ich frage mich lediglich: Weshalb fällt es der Ärzteschaft so schwer zu begreifen, dass die meisten Patienten umfassend informiert werden möchten?

Die Männer haben sich das aber auch selbst zuzuschreiben. Über Verhütung reißen sie lieber jede Menge Witze, statt sich vernünftig darüber zu unterhalten. Wer's nicht glaubt, möge sich die Websites zum Thema Männer und Gesundheit ansehen: Vasektomie wird so gut wie nicht behandelt. Und wie oft, frage ich Sie, setzen sich Zeitschriften in ihren allgegenwärtigen Gesundheits- und Lifestyle-Rubriken mit dieser Verhütungsmethode auseinander?

Dessen ungeachtet habe ich, seitdem ich mich habe beschnippeln lassen, festgestellt, dass fast alle Männer, die ich kenne, entweder eine Vasektomie hinter sich oder (freiwillig oder unfreiwillig) in Erwägung gezogen haben. Nur reden Männer lieber über Fußball, den Dritten Weg oder den Untergang der BBC. Ein Freund, der sich vor Jahren vasektomieren ließ, hat mir neulich gebeichtet, dass er sich einer kostspieligen Behandlung unterzieht; er liefert Teströhrchen ab in der Hoffnung, dass seine blockierten Spermien wieder den Weg ins Freie finden und er mit seiner jetzigen Partnerin ein Kind bekommt. Männer, die sich noch nicht zur Vasektomie haben überreden lassen, zucken bei dem Thema meist zusammen – wie beim Kricket ein Schlagmann, der einen scharf geschossenen Ball mit der Innenseite des Oberschenkels abfängt. Dann setzen sie eine selbstgefällige Miene auf.

Doch selbst wenn wir besser aufgeklärt wären: Anlass zu der Annahme, dass die Zahl der vasektomierten Männer unaufhaltsam steigt, besteht nicht. Und zwar nicht zuletzt, weil es erhebliche nationale Unterschiede gibt. Ja, vielleicht ist das Thema Vasektomie sogar ein grober Maßstab für die insgeheime Macht der Frauen in der jeweiligen Gesellschaft. In Frankreich ist die Vasektomie nahezu unbekannt. In den USA stellt sie mit derzeit 500.000 Eingriffen pro Jahr die (nach der Verwendung von Kondomen) üblichste Verhütungsmethode dar. Das sind gemessen an der Einwohnerzahl doppelt so viele Operationen wie in Großbritannien, wo die Entwicklung mit 50.000 Vasektomien jährlich seit den frühen Achtzigerjahren seltsamerweise stagniert. Um die elf Prozent der britischen Männer haben, meist im Alter zwischen dreißig und fünfzig, den »kleinen Schnitt« machen und zwölf Prozent der (16- bis 49-jährigen) Frauen sich sterilisieren lassen, was in ihrem Fall komplizierter und traumatischer ist. Fast überall hat die Antibabypille in den vergangenen Jahren stark an Beliebtheit verloren (eine britische Studie verzeichnet einen Rückgang von 70 Prozent im Jahr 1975 auf 44 Prozent im Jahr 1997), während die Verwendung von Kondomen, bedingt durch die Angst vor sexuell übertragbaren Krankheiten, zugenommen hat. Wir können unsere Methoden der Geburtenkontrolle also verändern und tun es auch.

Mein Vorbehalt gegenüber dem Marie Stopes Institute und ähnlichen Organisationen lautet, dass sie uns bei unseren Entscheidungen nicht glaubwürdig beraten können, weil sie Propagandisten und Dienstleister zugleich sind. Anfang dieses Jahres hat das MSI die Ergebnisse einer Studie veröffentlicht, die seine Auffassung untermauern soll, wonach es sich bei der Vasektomie um einen schmerzlosen Eingriff mit niedrigem Risikofaktor handelt. Lediglich ein Viertel der interviewten Männer bewertete die Prozedur als »sehr gut, wirkungsvoll, professionell«. Gab es irgendwelche nachhaltigen Probleme? Knapp neun Prozent der Interviewten bejahten die Frage.

Übrigens erhielt ich kürzlich wieder Post vom MSI. Das Schreiben trug die Überschrift: »Herzlichen Glückwunsch!« Darunter war zu lesen: »Ich freue mich, Ihnen mitteilen zu können, dass die zwei letzten von Ihnen eingesandten Spermaproben keine Samenzellen enthielten. Sie können fortan auf andere Verhütungsmethoden verzichten. Ihre Vasektomie hat sich als erfolgreich erwiesen.«

7
Nein, Bruder

LEO SCHOFIELD

Der Australier Leo Schofield ist ein prominenter, lebensfroher Mann, der bei fast allem seine Finger im Spiel hat, was auf dem fünften Kontinent mit Kultur zu tun hat. Vielen ist er vor allem als Kochbuchautor, Kunstkritiker und Organisator großer Kunstevents bekannt.

Seit einigen Jahrzehnten bewegt ein erschreckendes Phänomen die Öffentlichkeit: der sexuelle Missbrauch von Kindern. Dieser und anderen Formen von Gewalt sind Kinder überall auf der Welt ausgesetzt, auch in Schulen und anderen weltlichen wie kirchlichen Institutionen. Mit der sorgfältigsten Fürsorge für Kinder betraute Einrichtungen haben sich als Hort übelster Misshandlungen erwiesen. Wir haben gerade erst begonnen, Licht ins Dunkel dieser Abgründe zu bringen, und noch sind die Reaktionen – Verantwortung übernehmen, die Täter zur Rechenschaft ziehen, Wiedergutmachung leisten – längst nicht der Schwere der Vergehen angemessen.

Anders als viele betroffene Kinder hatte Leo Schofield das Glück, einen Vater zu haben, der Verdacht schöpfte und dem Missbrauch seines Sohnes ein Ende setzte. Im September 1996, auf dem Höhepunkt der öffentlichen Diskussion, enthüllte er im Sydney Morning Herald *in einem mutigen, bewegenden Bericht, was ihm als Kind widerfahren war.*

Wir nannten ihn Itchy, »Juckfinger«. Niemand wusste, wer ihm diesen Spitznamen verpasst hatte und wann, aber warum, dass wusste jeder, selbst die Zehn- und Elfjährigen, die bei ihm in die sechste Klasse gingen. Fünfzig Jahre ist es her, dass ich durch das Tor der Schule schritt, die von den Christian Brothers, dem katholischen Laienorden der Schulbrüder, in Sydneys Westen geleitet wurde und in der ich meine höhere Schulbildung erhielt. Aber es wundert mich heute noch, dass die Vorgesetzten Itchys Treiben nicht auf die Schliche kamen oder weshalb sie ihn, falls sie es doch taten, nicht verwarnt oder zu zügeln versucht haben. Seine Kollegen müssen von seiner Neigung, kleine Jungen zu befummeln, gewusst haben. Und einige Eltern müssen von seinem ungewöhnlichen Verhalten Wind bekommen haben.

Doch es wurde nie darüber gesprochen, nur von uns Kindern, die einander von brutalen Schlägen erzählten, von schmutzigen Worten und suchenden Fingern, vom Schaudern, wenn sein starker linker Arm eine knabenhafte Taille umfing, den schmächtigen Jungenkörper an sich zog und gegen seinen fülligen Leib presste, während er seinem Opfer Obszönitäten ins Ohr flüsterte.

Itchy war kein angenehm aussehender Mann. Mittelgroß, rundlich, glatzköpfig und mit rosigem Schädel, glich er einem bösartigen Schweinchen Schlau. Seine milchige Haut glänzte wie ein abgelecktes Bonbonferkel. Seine rot geränderten, leicht hervortretenden

Seine milchige Haut glänzte wie ein abgelecktes Bonbonferkel.

Augen gaben ihm den unruhigen Blick einer Laborratte. Seiner Hässlichkeit zum Trotz legte er ein verblüffendes Selbstbewusstsein an den Tag. Er ging nicht, er stolzierte, und seine Stimme dröhnte aufgeblasen.

Seine Vergangenheit lag im Dunkeln. Er stammte aus Neuseeland. Man munkelte, er hätte für die All Blacks gespielt. Ein anderes Gerücht besagte, er hätte Medizin studiert (er stellte oft Rezepte aus, meist für sich selbst), ein weiteres behauptete, infolge einer Kopfverletzung säße eine Stahlplatte in seiner Hirnschale. Viele führten seine Anfälle auf die Schmerzen zurück, die das Ausdehnen und Zusammenziehen dieser Platte in seinem Schädel verursachte.

Ein weiteres Kapitel des Itchy-Mythos mutmaßte, er sei in Neuseeland Amateurboxer und Meister im Halbschwergewicht gewesen.
Das mag gut möglich gewesen sein, und hätte es einen Lonsdale-
Gürtel in der Prügeldisziplin gegeben, dann hätte er ihn sich garantiert verdient.

»Euch geht's gut, Jungs«, sagte er öfter. »In Neuseeland fielen die
Temperaturen nachts unter null Grad. Als ich dort Lehrer war, habe
ich ein dickes Seil in Salzwasser getaucht und draußen an eine
Wäscheleine gehängt. Morgens war das Seil vom Nachtfrost richtig
schön steif, und dann hab ich's den Bengeln gegeben, die tags zuvor
frech gewesen waren.«

In Ermangelung seines geliebten gesalzenen und gefrorenen Seils
griff Itchy zu einem kurzen Lederriemen. Riemen gehörten zur Stan-
dardausrüstung der Ordensbrüder, und äußerlich war Itchys Folter-
werkzeug denen seiner Kollegen nicht unähnlich. Doch da gab es
einen wesentlichen Unterschied. Itchys Riemen war eine Spezialan-
fertigung des örtlichen Schuhmachers, der gleich bei der Bahnstati-
on seine Werkstatt hatte. Zwischen die beiden Streifen aus festem
Schuhleder fügte der Schuster nach Itchys genauen Anweisungen
zwei oder drei Eisensägeblätter. Die Riemen der anderen Brüder
waren biegsam, was den Schmerz, wenn sie die Hand trafen, ein
wenig linderte. Itchys Riemen aber war starr, schwer und hart, und
wenige Dinge im Leben schienen seinem Besitzer mehr Vergnügen
zu bereiten, als davon Gebrauch zu machen.

Traf Itchy auf dem Flur oder dem Spielplatz auf ein unschuldiges
Kind, fragte er aus heiterem Himmel: »Na mein Junge, hast du heute
schon den Riemen gespürt?«

»Nein, Bruder.«

»Dann streck die Hand aus.« *Peng ... peng ... peng ...*

Nicht einmal einen Vorwand ließ er sich für diese grundlosen
grausamen Überfälle einfallen. Sie hätten uns weniger ausgemacht,
wenn wir sie verdient hätten. Aber Gewalt war ein akzeptierter
Bestandteil der Erziehung bei den Ordensbrüdern, jedenfalls auf der
Schule, die ich besuchte.

Vermutlich kann man von kräftigen, gesunden Männern in den
besten Jahren nicht erwarten, dass sie allen fleischlichen Versuchun-
gen widerstehen, ohne aus dem Lot zu geraten. Gleichwohl gab es

unter den Männern, die mich in den späten Vierzigerjahren unterrichteten, viele selbstlose, ehrenwerte und geduldige Charaktere, denen augenscheinlich genau dies gelang, und die, vielleicht in treuherzigem Glauben, ihren gottesfürchtigen Verzicht auf weltliche Freuden, Ehe und Karriere als lohnend erachteten. Doch es gab unter ihnen auch Monster, die meinten, dass ein Lehrer dem Schüler Wissen am besten mithilfe eines Streifens Leder vermittelt.

Damals, Ende der Vierzigerjahre, wusste man wohl zu wenig von dem Zusammenhang, der zwischen Sadismus und unterdrücktem Sexualtrieb besteht; auf jeden Fall sprach man nicht offen darüber. Wenige erkannten, was Itchy in Wirklichkeit war: ein geistig leicht verwirrter Schläger und Pädophiler, dem man jeglichen Kontakt mit kleinen Jungen hätte untersagen müssen. Stattdessen hatte er freien, ungehinderten Zugang zu seinen Opfern und Jahr für Jahr frische Beute.

Er bevorzugte hübsche Knaben, die sich mit dem Lernen etwas schwerer taten. Täglich zitierte er Jungen, die im Unterricht nicht aufpassten oder die richtige Antwort nicht wussten, vor sein Pult und stellte sie vor die Wahl. »Sechs auf die Hände oder drei aufs Hinterteil?«, fragte er grinsend sein Opfer. Keiner wollte die Prügel auf die Hände.

Drei Schläge mit dem stahlharten Riemen auf die linke und drei auf die rechte Hand, das trug einem dermaßen geschwollene Hände ein, dass man eine Stunde lang nicht schreiben konnte. Daher wählten die meisten drei Hiebe auf den Hintern. Die Schmerzen konnte man wenigstens etwas dadurch lindern, dass man sein Gesäß an den abgerundeten gefirnissten Sitzbänken rieb, die fest mit den Tischplatten verbunden waren, und weiterarbeitete, auch wenn es manchmal schwer fiel, durch den Tränenschleier hindurch zu sehen, was auf den Seiten des Schulbuchs stand.

Nachdem das Opfer die unvermeidliche Wahl getroffen hatte, folgte es Itchy zitternd nach nebenan in den leeren Laborraum. Dort wurde ihm befohlen, seine kurzen Hosen herunterzulassen, sich über eine Bank zu bücken, an der Lehne festzuhalten und den blanken Hintern für die anstehende Strafe hinzuhalten. Unterdessen holte Itchy seinen widerlichen Riemen heraus, den er, wie Arlecchino seinen Phallusknüppel, im Ärmel seiner abgewetzten schwarzen Soutane zu verwahren pflegte.

Es folgte eine Art Vorspiel, bei dem er einem seinen Ersatzpenis zwischen die Beine steckte, ihn um die kleinen, noch hoch sitzenden Hoden kreisen ließ und schließlich zwischen den Hinterbacken langsam nach oben zog. Dann, ganz plötzlich und ohne einen Ton, holte er erregt mit unvorstellbarer Kraft und zog den Riemen mit Urgewalt quer über das knabenhafte Gesäß. Noch einmal. Und noch einmal. Mit jedem Mal fiel das Vorspiel länger und variationsreicher und der anschließende Hieb heftiger aus; oft traf einen der Schlag mit solcher Wucht, dass man mit dem Becken hart gegen die Kante der Bank prallte oder seitwärts zu Boden fiel.

Es tat unerträglich weh, und in neun von zehn Fällen kamen dem Gestraften beim ersten Hieb die Tränen. Aber keiner von uns wollte, dass seine Klassenkameraden ihn für einen Feigling hielten. Wir wischten uns mit dem Ärmel die Tränen ab, zogen die Hose wieder hoch, steckten das Hemd hinein und trotteten zerknirscht hinter Itchy zurück ins Klassenzimmer.

Keines der uns bekannten Opfer erzählte seinen Eltern auch nur ein Sterbenswörtchen von Itchys Treiben, seinem aufdringlichen schmutzigen Gerede, seiner Fummelei an unseren kleinen Schwänzen.

Im Rückblick kann ich mir diese Scheu nur mit der Angst vor noch mehr Repressalien erklären. Und viele Eltern hätten den Berichten ohnehin keinen Glauben geschenkt. In ihren Augen waren die Schulbrüder lebende Heilige, fromme Männer, die für die undankbare Aufgabe der Kindererziehung und vor allem dafür, die Fahne des christlichen Glaubens hochzuhalten, ihr Leben und die Aussicht auf Vaterschaft hingegeben hatten. Auf atemberaubende Weise wurde der Schweigepakt eingehalten, bis unlängst endlich andere, die durch ähnlich üble Machenschaften mehr Schaden genommen haben als ich, den Mund aufmachten. Einige Eltern allerdings, so auch meine, kamen Itchy anderweitig auf die Schliche.

Als ich eines Abends in die Badewanne stieg, sah es mein Vater: Drei schwarzrot angelaufene Striemen zogen sich quer über mein Gesäß. Er fragte mich, was passiert war. Ich sagte es ihm. Er geriet völlig außer sich, rief meine Mutter, zeigte ihr die blauen Flecken und stieß die fürchterlichsten Verwünschungen aus.

Vater und Mutter besprachen die Angelegenheit. Wir hatten kein Telefon, und daher beschloss Vater, mit mir am nächsten Morgen zur

Schule zu gehen und meinen Peiniger zur Rede zu stellen. Rache fürchtend bat ich ihn, es nicht zu tun, aber er war fest entschlossen, das Duell mit Itchy auszutragen.

Am folgenden Morgen bestiegen ein grimmiger Vater und ein käsebleicher Sohn gemeinsam den Zug, verließen ihn gemeinsam und begaben sich gemeinsam zum Domizil der Schulbrüder, wo der Vater laut die Türglocke betätigte. Eine Haushälterin in geblümter Schürze öffnete die Tür. Mein Vater stellte sich vor und verlangte nach dem Rektor.

Wir wurden in den Salon gebeten, einen muffigen, in Brauntönen gehaltenen Raum, in dem man Eltern von Problemkindern ins Verhör nahm, über anstehende Verweisungen von der Schule informierte und mit ihnen über die Aussichten ihrer Söhne diskutierte. Wie lange wir warteten? Wahrscheinlich nicht länger als vier bis fünf Minuten. Trotzdem hat sich mir jedes Detail dieses Raums unauslöschlich eingeprägt.

Dann platzte der Rektor in diese Welt aus düsterem Braun.

»Kann ich Ihnen helfen, Herr Schofield?«, fragte er höflich.

»Das können Sie ganz bestimmt. Sehen Sie sich das bitte an«, antwortete Vater und forderte mich auf, die Hose herunterzulassen, eine Sache, die ich dank der wiederholten Ausführung von Itchys Befehlen in null Komma nichts erledigen konnte.

Ich wandte mich um, sah mich einer Statue der Theresia von Lisieux gegenüber – die Figur zeigte die Heilige im braunen Ordensgewand, mit schwarzem Schleier, einem Kruzifix, das in einem Strauß aus rosa Plastikrosen steckte, der sich gut in einer *Tosca*-Inszenierung gemacht hätte, und mit den Gesichtszügen von Paulette Goddard –, löste den Gürtel und ließ meine Klamotten fallen.

Der Rektor schien geschockt, und er trug der hageren Frau mit der Schürze, die neugierig herumgelungert hatte, auf, Itchy zu holen.

Ich stand noch in der Ecke, die heilige Theresia vor Augen und die Hosen wie Fesseln um die Füße, als er eintrat. Ich fuhr herum, um meinen Peiniger anzusehen. Arrogant, gekleidet in das brüderliche Schwarz, aber mit bequemen, karierten Hausschuhen an den fetten Füßen, kam er zur Tür herein, wobei er sich mit einer großen Serviette aus weißem Damast die Reste seines Frühstückseis von den Mundwinkeln tupfte.

Irgendetwas an seinem Auftreten ließ die Sicherung von Vaters hitzigem irischen Temperament durchbrennen. Wenn irgendjemand

seinen Sohn verdreschen durfte, dann er selbst, nicht dieser selbstgefällige, glatzköpfige, schwarz gewandete Mistkerl. Vater schoss auf
den erschrockenen Mann zu, packte ihn am Kragen und wuchtete
ihn hoch, sodass nur noch die Spitzen der karierten Pantoffeln das
Kunststoffparkett berührten.

> »Hör mir gut zu, du Bastard …
> Wenn du mein Kind noch
> einmal anfasst, dann schlage ich
> dir sämtliche deiner
> Sch…zähne aus …«

Das bisschen Farbe wich aus Itchys Gesicht so schnell wie die Flüssigkeit aus einer Wasserwaage, die plötzlich auf den Kopf gestellt wird.

»Hör mir gut zu, du Bastard«, keuchte Vater mit zusammengepressten Zähnen. »Wenn du mein Kind noch einmal anfasst, dann schlage ich dir sämtliche deiner Sch…zähne aus, auch wenn du eine besch… Kutte trägst!«

»Aber Herr Schofield, Herr Schofield«, hechelte der Rektor beim Versuch, sich zwischen Vater und Itchy zu stellen. »Ich kann ja verstehen, wie Ihnen zu Mute ist, aber das ist doch kein Grund, sich so aufzuführen.«

Vater blickte Itchy unverwandt an. Langsam stellte er den beschuldigten Bruder wieder auf die Füße. Itchy zog sich hastig trippelnd zurück, wie eine Ratte, die in einen Mauerspalt huscht, zog sich verlegen zurück zu seinem halb verspeisten Frühstücksei. Versichert, dass sein Kind nie wieder derart misshandelt würde, schickte Vater sich an zu gehen. Ich zog eilig meine Hosen und die Schulsocken hoch und wurde mit meinem Vater hinausbegleitet.

Bis zum Ende des Schuljahrs, in dem er mein Klassenlehrer war, rührte Itchy mich nicht mehr an. Ja, ich kann mich nicht einmal entsinnen, dass er mir, nachdem mein Vater ihn gestellt hatte, jemals wieder in die Augen sah. Aber er blieb an der Schule, und es gab andere, die er weiterhin belästigte.

Ich weiß nicht recht, was ich von dem Skandal um die Schulbrüder halten soll. Es war nötig, die Sache aufzudecken, und man kann nur staunen, dass so viele so lange mit dem Reden gewartet haben. Dann aber haben sie in großer Zahl und laut geklagt. Und nun ist der Habit des Ordens befleckt, vielleicht für alle Zeit.

Nicht alle Schulbrüder haben sich an ihren jungen Schützlingen vergangen. Während Itchy mich nach fünf Jahrzehnten noch in meinen Albträumen heimsucht, ist mir einer seiner Kollegen, Caesar, mein Leben lang ein Quell der Inspiration gewesen. Er war ein herausragender Mann, dieser Caesar, ein vorbildlicher und selbstloser Lehrer, der Karriere machte und schließlich Sekretär des Ordens in Rom wurde.

Kurz vor seinem Tod besuchte Caesar Sydney. Es gelang mir, mich mit ihm für eine Tasse Tee im Café des Centennial Park zu verabreden. Ich hatte ihn seit über vierzig Jahren weder gesehen noch gesprochen, und trotzdem übte er einen unsichtbaren Einfluss auf mein Leben aus. In einem im *Herald* erschienenen Artikel hatte ich meine Wertschätzung für ihn zum Ausdruck gebracht. Nachdem ein Leser Caesar eine Kopie davon nach Rom geschickt hatte, wurde das Treffen arrangiert. Caesar war alt und gebrechlich, sein einst pechschwarzes Haar weiß, aber sein Verstand war scharf wie eh und je.

Meine Gefühle übermannten mich, als ich diesem Mann wieder begegnete, dessen Unterstützung, Großmut und Einfluss mir in jungen Jahren so viel bedeutet hatten.

Eigentlich hatte ich vor, das Thema Itchy anzuschneiden und von dem Trauma zu erzählen, dass ich und andere Kinder erlitten hatten. Doch ich brachte es einfach nicht übers Herz. Ich wollte Caesar fragen, ob er von den Vorgängen Kenntnis gehabt hatte, ob er insgeheim gebetet hatte, dass sie endlich ein Ende haben mögen, ob er gefürchtet hatte, sie könnten ein schlechtes Licht auf die Kirche und seinen Orden werfen, ob er und seine Kollegen Stillschweigen vereinbart hatten über Dinge, über die sie im Bilde waren. Doch ich behielt all dies für mich. Mir war, als ahnte er, dass ich ihm ein oder zwei peinliche Fragen stellen und eine unangenehme Wahrheit aussprechen wollte, und irgendetwas an seinem Verhalten bedeutete mir, dass dies nicht ratsam war.

Zum Glück starb Caesar, bevor der Skandal, in den die Ordensbrüder verwickelt sind, aufflog …

Was wir ohne das Fernsehen nicht wissen würden

JOHN J. PUNGENTE S.J.

Was fehlt dir, Kleiner? Du hast keinen Vater? Keine Männer um dich? Macht nichts – Fernsehen und Kino bringen dir alles bei, was du über das Mannsein wissen musst.

1. Die Bedeutung von Gewehren: Niemand kann dir etwas anhaben

✗ Wer allein auf zwanzig Mann feuert, hat bessere Chancen, sie um die Ecke zu bringen, als zwanzig Kerle, die mit Schießprügeln einen einzigen Gegner ins Visier nehmen.

✗ Einem Mann mit nacktem Oberkörper können Kugeln nichts anhaben.

✗ Musst du dein Gewehr nachladen, fehlt dir nie die Munition – selbst wenn du keine eingesteckt hast.

✗ Geht dir doch einmal die Munition aus, dann wirf das Gewehr einfach weg. Gewehre sind wie Einmalrasierer – du kannst dir jederzeit ein neues kaufen.

✗ Eine Kettensäge (oder eine Stahlstange, einen Knüppel, einen Feuerwehrschlauch oder – je nach dem Universum, in dem du kämpfst – einen Donnerkeil) findest du immer, wenn du sie brauchst.

✗ Wirst du in einer Stadt verfolgt, kannst du in irgendeiner Parade untertauchen – und zwar zu jeder Jahreszeit.

✗ Ein Verfolgter wirft seinem Verfolger immer etwas in den Weg, selbst wenn er für das Werfen mehr Zeit braucht als sein Verfolger für das Überwinden des Hindernisses.

✗ Solltest du bei einem Kampf deinen Gegnern zahlenmäßig haushoch unterlegen sein, werden deine Gegner geduldig einen Furcht erregenden Tanz aufführen, bis du einen nach dem anderen k.o. geschlagen hast.

✗ Gruppen kampferprobter Terroristen (auch Polizisten, Soldaten oder Raumschiffoffiziere) trennen sich stets, damit ihre Mitglieder im Alleingang nach dem Feind (Terroristen, Verbrecher, bösen außerirdischen Wesen) fahnden und der Reihe nach umkommen können.

✗ In allen Gebäuden, U-Booten, Raumschiffen usw. geben Luftschächte das ideale Versteck ab. Dort werden deine Verfolger nie nach dir suchen, und du kannst dich ungehindert von einem Teil des Gebäudes, U-Boots, Raumschiffs usw. zum anderen bewegen.

✗ Ohne ihren Geist aufzugeben, rammen Autos bei Verfolgungsjagden mindestens die Hälfte der Fahrzeuge, Pfosten, Mülltonnen usw., die in ihre Nähe geraten.

✗ Bei Unfällen gehen Autos so gut wie immer in Flammen auf.

✗ Ein Mann, der selbst bei der grausamsten Abreibung keine Regung zeigt, zuckt vor Schmerz zusammen, wenn eine Frau seine Wunden zu säubern versucht.

2. Allgemeine Menschenkenntnisse

✗ Selbst wenn sie unter sich sind, sprechen Ausländer (oder auch Außerirdische) am liebsten deutsch.

✗ Wer eine Fliege trägt, ist unter Garantie Engländer.

✗ Eine Striptease-Tänzerin, die Klasse und ein Herz aus Gold hat, kann fast alle schweren Fahrzeuge bedienen.

✗ Husten ist gewöhnlich das erste Anzeichen einer unheilbaren Krankheit.

✗ Verliert ein Mann durch einen Schlag auf den Schädel das Bewusstsein, trägt er nie eine Gehirnerschütterung oder gar einen dauerhaften Hirnschaden davon. Andererseits verursacht schon die geringfügigste Kopfverletzung Gedächtnisverlust.

✗ Bei Autojagden, Entführungen, Vulkanausbrüchen und Invasionen von Außerirdischen erleiden die Betroffenen niemals einen Schock.

✗ Ein elektrischer Zaun, der einen Dinosaurier umbringen würde, kann ein achtjähriges Kind nicht nachhaltig verletzen.

✗ Wer aus einem Albtraum aufschreckt, richtet sich kerzengerade auf und schnappt nach Luft.

✗ Im Mittelalter hatten alle Bauern makellose Zähne.

✗ Genetische Kreuzungen sind mit jedweder Kreatur aus dem gesamten Universum möglich.

3. Spielregeln für Räuber und Gendarm

✗ Polizeiliche Ermittlungen erfordern wenigstens einen Besuch in einem Stripteaselokal.

✗ Kriminalbeamte können Fälle nur lösen, wenn sie vom Dienst suspendiert sind. Daher wird der Hauptdarsteller immer suspendiert. Oder er erhält für die Erfüllung des Auftrags eine Frist von höchstens 48 Stunden.

✗ Polizeibeamte absolvieren Persönlichkeitstests, um sicherzustellen, dass die beiden Partner eines Teams stets völlig gegensätzliche Temperamente haben.

✗ Ehrliche, hart arbeitende Polizeibeamte werden in der Regel drei Tage vor ihrer Pensionierung erschossen.

4. Von Kriegen und anderen Katastrophen

✗ Musst du dich als Ausländer ausgeben, brauchst du die betreffende Sprache nicht zu sprechen. Ein Akzent genügt.

✗ Droht deiner Stadt eine Naturkatastrophe oder eine Invasion todbringender Kreaturen, macht sich der Bürgermeister vor allem Gedanken um die örtliche Tourismusindustrie oder die anstehende Kunstausstellung.

✗ Du überlebst mit großer Sicherheit jede Schlacht in jedwedem Krieg – es sei denn, du zeigst jemandem ein Bild von deinem Schatz, der zu Hause auf dich wartet.

5. Auf Haustiere ist Verlass

✗ Alle allein stehenden Frauen haben Katzen.

✗ Alle Hunde wissen sofort, wer ein schlechter Mensch ist, und bellen ihn an.

✗ Wenn du das Gefühl hast, es sei ein Einbrecher in deinem Haus, wird deine Katze dich auf dem Höhepunkt der Spannung aus einem Schrank heraus anspringen.

Mitgefühl ist unbezahlbar

MOHAMED H. KHADRA

Mohamed Khadra ist ein renommierter australischer Chirurg. Vor einigen Jahren verkehrten sich in seinem Leben mit einem Schlag die Rollen: Er war an einer unheilbaren Variante von Kehlkopfkrebs erkrankt. Seine Erfahrungen – die plötzliche Einlieferung in ein öffentliches Krankenhaus, das erniedrigende Gefühl dieser Erfahrung und die Erkenntnis, die er daraus gewann – wurden 1998 im Medical Journal of Australia *veröffentlicht und fanden breite Beachtung. Khadra gab seinem Artikel den Untertitel »Eine persönliche Einschätzung der Pflegesituation in unseren öffentlichen Krankenhäusern«.*

In letzter Zeit diskutiert man rege darüber, weshalb so wenige Männer im Pflegedienst tätig sind. Das ist kein Wunder. Männer haben Angst vor Erniedrigung. Verletzlich zu sein behagt uns nicht, schon gar nicht an einem Ort, an dem derlei Empfindungen nicht gefragt sind. Keine öffentliche Einrichtung ist (abgesehen vielleicht von unseren Gefängnissen) derart reif für grundlegende Änderungen wie unser Krankenhauswesen.

Ich habe Krebs. In meinem Körper teilen sich Zellen, die den Tag wohl vorzeitig, vielleicht schon in nicht allzu ferner Zukunft, kommen lassen werden, an dem ich von der Mühsal alles Irdischen befreit sein werde. Aber meine Gedanken verweilen nicht beim Tod. Ich habe traumatische, plötzliche Todesfälle erlebt, und ich habe alte und manchmal auch junge Menschen langsam und qualvoll sterben sehen. Ich habe gelernt, den Tod als Erlösung zu akzeptieren. Ich habe nachgedacht über die letzte Reise. Ich habe mir Gedanken gemacht über Gott. Ich habe meinen Frieden geschlossen.

Was mich jetzt bewegt, ist das Leben.

Es ist halb fünf Uhr morgens. Es war eine lange Nacht; trotz aller Schmerzmittel lassen meine Schmerzen seit zwei Uhr nicht nach. Ich liege in einem Krankenhaus, auf einer Matratze mit Gummimatte und einem dazu passenden Kissen, auf einem Bett, das ächzt vor Qual, sobald ich mich bewege, ganz so, als wäre auch sein Maß voll. Die Wände des Zimmers sind kahl, aber nicht ohne Konturen: Ihre Oberflächen bilden eine Kollage aus gestrichenen und ungestrichenen Flächen. Jeder Patient, der vor mir diesen Raum verlassen hat, hat ein kleines Souvenir mitgenommen – ein Fleckchen Farbe, das an dem Klebeband haften blieb, mit dem er persönliche Erinnerungen an diesen Wänden befestigt hatte. Stundenlang saß ich schon da und habe mir die Fotos, Zeichnungen und Sprichwörter vorgestellt, die an diesen furchtbaren Wänden hingen. Ich muss meine Vorstellungskraft dafür nicht sonderlich strapazieren. Ich rufe mir in Erinnerung, was meine Patienten ins Krankenhaus mitgebracht haben. Familienbilder, als wollten sie sagen: »Ich weiß, ich bin nur ein Patient. Aber ich bin auch ein Mensch. Seht, hier zum Beweis: Das ist meine Familie.« Doch darum geht es nie. »Patienten« sind keine freien, individuellen Wesen mehr. Wir sind eine Bürde, die dem modernen Krankenhausleben – pünktlich endende Schichten, erledigte Büroarbeiten und ausgewogene Bilanzen – im Wege steht.

Mir ist ein wenig kalt. Die Zellstoffdecken sind etwas zu kurz für mich. Es mag ja zwingende Gründe für ihre Verwendung geben, aber ich sehne mich nach meinem Daunenbett und nach meiner Frau. Unser gemeinsames Leben wird jeden Abend von einem durchdringenden Klingelzeichen unterbrochen. Sie geht und ich bleibe. Dann frage ich mich, ob ich sie wieder sehen werde. Ich frage mich, ob dies die Nacht ist, in der mein Herzschlag aussetzt und man versucht,

mich wieder zu beleben. Es wäre eine Ironie des Schicksals, wenn
mein Herz auf einem Bett zu schlagen aufhörte, auf dem ich vor
zehn Jahren andere Menschen wiederbelebt habe.

Schließlich falle ich in Schlaf. Mit einem Mal geht die Tür auf, ich
nehme Geräusche und einen grellen Lichtstrahl wahr. Es ist die Putz-
frau. Sie kommt herein, leert meinen Abfalleimer, gibt einen neuen
Müllbeutel hinein und geht wieder. Ich stehe auf und mache die Tür
zu. Warum kann sie nicht anklopfen und beim Hinausgehen die Tür
wieder schließen? Ich sage nichts. Mir dröhnt der Kopf. Sie ruft ihrer
Kollegin etwas über den Gang zu. Vom Flur her höre ich das Klim-
pern der nahenden Rollwagen mit den Medikamenten und das
pumpende Geräusch von Blutdruckmessgeräten. Mir schwant, dass
ich jetzt wach bleiben soll. Aufstehen und munter sein: Freu dich
aufs Frühstück.

Die Tür öffnet sich abermals, und es fällt Licht ins Zimmer. »Ich will
nur Ihren Blutdruck messen.« Das Thermometer rutscht unter meine
Zunge. Der Pfleger legt die Finger auf meine Pulsader. Es tut merk-
würdig gut, eine menschliche Berührung zu spüren. Ich schaue in seine Augen. Er ist nett, gut aussehend, ungefähr zwanzig. Ein Ohrring
mit einem Totenkopf hängt an seinem linken Ohrläppchen, sein Haar-
schnitt ist etwas eigenartig. Ich versuche, mich eines Urteils zu enthalten. Er macht seine Sache gut. Die Gummimanschette um meinen
Oberarm pumpt sich auf, und er presst das Stethoskop gegen meine
Schlagader. Der Manschettendruck lässt nach, und ich spüre, wie das
Blut stoßweise wieder in die abgebundene Arterie einströmt. Wie
schön, dass mein Herz noch arbeitet. Ich schaue ihm wieder in die
Augen, und er wendet den Blick ab.

»Brauchen Sie noch etwas?«, fragt er.

(Oh ja, sehr viel.)

»Nein, ich brauche nichts. Vielen Dank.«

*(Ich möchte so sehr, dass du dich eine Weile zu mir setzt. Ich muss dir
unbedingt sagen, wie grässlich diese Nacht war. Ich wünsche mir so
sehr, dass du deine Hand auf meine Schulter legst und mit mir weinst.
Ich möchte, dass du meine Angst teilst, meine Schmerzen, meine Zweifel, dass es für mich eine Zukunft gibt. Ich möchte mit dir überlegen,
wie meine Bestattung aussehen soll. Sag mir bitte, dass es meiner Frau
auch ohne mich gut gehen wird. Sag mir, dass unzählige Kinder ohne
Vater aufwachsen und dass auch meine Kinder das gut schaffen wer-*

den. Ich brauche dein Mitgefühl. Und mehr: Schütte mir dein Herz aus, damit ich dir meines ausschütten kann ...)

Beunruhigt von diesen Gedanken, drehe ich mich im Bett um.

Ich weiß, bald wird es für eine Weile ruhig. Die erste Runde ist geschafft, das Reinigungspersonal trinkt seinen Frühstückstee, und der Schichtwechsel des Pflegepersonals beginnt. Es ist nicht gut, zu dieser Zeit nach irgendetwas zu verlangen. Jeder von uns Patienten weiß, dass es seine Pflicht ist, diesen Ablauf um keinen Preis zu stören. Wehe dem Patienten, der es wagt, jetzt die Klingel zu betätigen. Zähme deinen Harndrang, beiß die Zähne zusammen, leb noch einen Augenblick länger.

Ich stehe auf, um zu duschen. Ich benutze das Badezimmer nicht allein, und der Toilettensitz ist nass. Ich wische ihn ab und setze mich hin in der Hoffnung, dass es bloß Wasser war. Ich brauche inzwischen auf der Toilette mehr Zeit. Ich mustere den Raum. Die Dusche ist eine Handbrause in einer großen, tiefen Badewanne. Der runde Duschvorhang hat Stockflecken. Als er sich zuzieht, da ist mein Körper zum ersten Mal, seit ich im Krankenhaus bin, umfangen. Es ekelt mich. Ich denke an die Tausende von Patienten, die vor mir von diesem Vorhang umhüllt wurden, denke an die offenen Wunden ... die

Ich kauere mich unter die Dusche. Das warme Wasser, das über meinen Rücken läuft, vermengt sich mit den Tränen, die mir über das Gesicht strömen.

Stomabeutel ... die Wundsekrete ... die Urinbeutel. Ich halte es nicht mehr aus. Ich kauere mich unter die Dusche. Das warme Wasser, das über meinen Rücken läuft, vermengt sich mit den Tränen, die mir über das Gesicht strömen. Unkontrollierbare Schauer der Traurigkeit und Scham schütteln meinen Körper.

Ich war Medizinstudent, Praktikant, angehender Facharzt, fest angestellter Krankenhausarzt und nun bin ich Facharzt ... und habe dieses Gefühl nie kennen gelernt. Ich habe in aller Frühe Visiten gemacht. Ich habe schlafende Patienten geweckt, um sie zu untersuchen. Ich habe um zwei Uhr morgens das Deckenlicht angeschaltet. Ich habe mich in das Schwesternzimmer gesetzt und mitten in der

Nacht gelacht, vor allem während der Sechzig-Stunden-Schichten, die während meiner Facharztausbildung üblich waren. Und neulich erst habe ich mich zu Patienten gesetzt und das Todesurteil über sie gesprochen. Dann habe ich ihre Hände getätschelt und ihre Zimmer verlassen.

Plötzlich sehe ich es ganz klar: Es fehlt etwas Wesentliches. Es fehlt das Mitgefühl.

In einem Krankenhaus ist Mitgefühl so wichtig wie die Krankenpflege, die Medikation und die Mahlzeiten. Ein Krankenhaus ist ein sinnloser Bau, sobald nur ein einziger Patient unter seinem Dach Schmerzen hat, die nicht gelindert werden, in einer Nacht nicht schlafen kann, eine ungesunde Mahlzeit erhält, eine unschöne Umgebung ertragen muss oder in seiner menschlichen Würde nicht respektiert wird. Mitgefühl ist nichts, auf das Ärzte ein Monopol haben sollten. Alle, die sich für eine Tätigkeit im Krankenhaus entscheiden, müssen tagtäglich an seine Notwendigkeit erinnert werden.

In einem Krankenhaus sind so viele Verwaltungsvorschriften zu beachten, dass es mir aus dem Blickwinkel meines Krankenbetts vorkommt, als sei die Einrichtung auf die Bedürfnisse der Verwaltung zugeschnitten statt auf die meinen. Ich sehe, dass die Schwestern und Pfleger am Fußende meines Betts und in der Wachstation stundenlang Formulare ausfüllen. Ich sehe, dass die Pflegedienstleitung den Großteil des Tages damit verbringt, Besprechungen beizuwohnen und Eintragungen in dicke Bücher vorzunehmen, die dann von anderen zu überprüfen sind.

Welchen Vorbildern folgen junge Ärzte und Pflegekräfte in Sachen Mitgefühl und Fürsorge? An wem orientieren sie sich im Verlauf ihrer persönlichen und beruflichen Entwicklung? Welche Personen in ihrem Umfeld erfahren Anerkennung? Diejenigen, die Mitgefühl zeigen? Nein. Gute Krankenhausmitarbeiter werden mit einer Beförderung auf der Leiter der Verwaltungshierarchie belohnt. Und dadurch erhalten sie keine Gelegenheit mehr, sich um die Patienten zu kümmern, sondern können sich im Gegenteil von den Belastungen des unmittelbaren menschlichen Kontakts befreien. Dies hat tief greifende Auswirkungen. Es vermittelt die Botschaft, dass direkte mitmenschliche Fürsorge und Mitgefühl etwas sind, vor dem die Mitarbeiter des Gesundheitswesens sich schützen müssen. Im modernen Krankenhaus wird bestraft, wer einem Patienten mehr Zeit widmet und daher seine Schreibarbeit nicht erledigen kann. Allein diese Tatsache ist ein schlagender Beweis dafür, dass Mitgefühl keine Rolle spielt.

Worin besteht Mitgefühl, wenn nicht in Zuwendung und Fürsorge? Wehe der verantwortlichen Pflegekraft, wenn sie das Überstundenbudget überzieht. Das Reinigungspersonal müsste es wohl büßen, wenn es seinen strengen Zeitplan nicht einhält, weil es an jede Tür klopft. Schwestern und Pfleger, die beim Pulsmessen merken, dass Patienten über ihre Krankheit reden möchten, wissen, dass sie einen Verweis riskieren, wenn sie zu spät zur Besprechung kommen. Dem Assistenzarzt, der die Morgenvisite abnimmt, bleibt vor den Operationen wenig Zeit, um auf den Stationen nach dem Rechten zu sehen – keine Macht auf Erden darf ihn davon abhalten, pünktlich im Operationssaal zu erscheinen.

Wer weiß, vielleicht kann sich das moderne Gesundheitswesen Mitgefühl nicht leisten. Vielleicht passt Mitgefühl nicht in das unternehmerische Konzept, das die Patienten als Kunden, die Pflegekräfte als Manager, die Ärzte als Inspektoren und die Verwaltung als das Allerwichtigste überhaupt betrachtet.

Vielleicht sind diese Gedanken auch nur idealistische Spinnereien eines von Betäubungsmitteln benommenen Verstandes …

Wie dem auch sei, die Klingel hat geschrillt. Meine Frau geht, zusammen mit den anderen Besuchern. Sie hat ein Bild mitgebracht, das mein Sohn für mich gemalt hat. Ich hefte es an die Wand vor meinem Bett und lege mich hin. Sollte ich entlassen werden, dann nehme ich etwas von dem Anstrich als Andenken an meinen Aufenthalt mit.

Wieder muss ich der Nacht allein ins Auge blicken.

Wer mit der Rute spart ...

J. J. BELL

Entdeckt habe ich diese anrührende Geschichte – das englische Original ist in einem gälischen Dialekt geschrieben – in dem Buch Growing Up in Scotland, *einer Anthologie historischer Kindheitserinnerungen aus dem Land der Hochmoore.*

Verfasst wurde die Erzählung in den Achtzigerjahren des 19. Jahrhunderts. Schon damals war das Züchtigen von Kindern umstritten und elterliche Übereinstimmung in Erziehungsfragen keineswegs selbstverständlich.

Es war Abend. Sie hatten bereits gegessen. Die Kate war ordentlich aufgeräumt. Zur Rechten des Herdes saß Herr Brown, bemüht, seine innere Unruhe hinter dem Wochenblatt zu verstecken. Links saß Frau Brown und strickte mit kalter, strenger Miene vor sich hin. Auf einem Hocker, etwas abseits von seinen Verwandten [seinem Onkel und seiner Tante], kauerte John. Auf seinen Knien lag eine Ausgabe von John Bunyans Pilgerreise. Der Junge hatte seine Augen fest auf das Buch geheftet, doch seit einer halben Stunde keine Seite umgeblättert.

Seit geraumer Zeit herrschte Stille, unterbrochen nur vom Heulen des Windes im Schornstein. Endlich brach Frau Brown das Schweigen.

»Peter, es ist so weit.«

Ihr Mann schrak auf. »Ich kann das nicht«, murmelte er hinter seiner Zeitung.

»Es ist deine Pflicht.«

»Gut, ich kümmere mich morgen früh darum«

»Es muss am Abend geschehen, und zwar je früher, desto besser.«

»Ach Frau«, sagte Peter und senkte die Stimme. »Lass es für diesmal gut sein.«

»Wer mit der Rute spart, verzieht das Kind!«, gab sie scharf zurück.

»Unsinn!« Peter ließ die Zeitung fallen, vielleicht weil seine Kühnheit ihn selbst erstaunte.

»Was?!«, rief Frau Brown aus, als traute sie ihren Ohren nicht.

»Er hat die Rute oft genug gespürt, bevor er zu uns kam«, erwiderte Peter, »und was hat es bewirkt?«

»Peter«, beharrte seine Frau, »wenn du deine Pflicht versäumst, wird es dir Leid tun.«

Peter wusste, dass es ihm in jedem Fall Leid tun würde, aber die Gewohnheit obsiegte, und der Gehorsam meldete sich zur Stelle. Er räusperte sich.

»John«, sagte er schwerfällig, »ich habe zu meiner großen Enttäuschung vernommen, dass du dich an den Hühnereiern deiner Tante zu schaffen gemacht hast. Weshalb hast du das getan?«

John blickte unglücklich auf, antwortete aber nicht.

»Zu schaffen gemacht!« empörte sich Frau Brown. »*Gestohlen* ist der richtige Ausdruck! Und die wenigen Eier, die wir haben, sind unbezahlbar!«

»Vielleicht hat er nicht gewusst, dass er einen Diebstahl begeht«, meinte Peter. »War es so, John?«

»Ich ... ich dachte, dass die Hennen viel mehr Eier legen, Onkel Peter.«

»Er hat nicht darüber nachzudenken, was die Hennen tun«, entgegnete seine Tante verbittert. »Peter, er hat zugegeben, dass er in den letzten zwei Wochen ein halbes Dutzend Eier gestohlen hat. Aber er will nicht verraten, was er mit ihnen gemacht hat. Frag ihn!«

»John, was hast du mit den Eiern angestellt?«

Keine Antwort.

»Da siehst du's!«, schimpfte Frau Brown schließlich. »Hätte er alles gestanden, hätte ich vielleicht ein Auge zugedrückt. Nun tu deine Pflicht, Peter. Du hast es mir versprochen. Es ist nur zu seinem Besten.« Sie machte eine Pause. »Ich gehe hinüber zum Hühnerstall, bis du die Sache hinter dich gebracht hast.« Sie wies mit dem Kopf auf einen Rohrstock, mit dem sie für gewöhnlich ihre Teppiche klopfte. Schon vor dem Gespräch hatte sie ihn an die Wand neben Peters Stuhl gelehnt. Dann nahm sie ihr Umhängetuch und eine Kerze und verließ die Küche.

»Der Herr stehe mir bei!«, seufzte Peter und brummelte: »Ich wünschte, Salomo könnte mir raten ...« Ohne den Jungen anzusehen, fragte er ihn: »John, willst du mir nicht verraten, was du mit den Eiern gemacht hast?«

»Ich kann's nicht.«

»Tja dann, verflucht, dann muss ich dir wohl ... ich meine, es tut mir schrecklich Leid, aber ich muss dich bestrafen. Es geht nicht anders, ich muss dir eine Tracht Prügel verpassen. Also, mach dich bereit!«

»Wie soll ich mich bereitmachen?«, fragte John mit zitternder Stimme.

Sein Onkel hatte eine Idee. Er zeigte mit dem Stock auf das rote Tischtuch. »Wickel das Tuch um deine Beine.«

Eine neue Foltermethode? Wie auch immer, John leistete dem Befehl Folge.

Her Brown trat vor und fasste sein Opfer vorsichtig am Jackenkragen.

»Nimm's nicht so schwer. Ich muss versuchen, dir weh zu tun«, sagte er. »Das ist meine Pflicht, verstehst du?«, setzte er entschuldigend hinzu. »Bist du bereit?« Er schwenkte den Stock und patschte behutsam gegen das Tischtuch. »Tat das weh?«

»Jawohl … äh nein, es hat nicht wehgetan, Onkel Peter.«

»So ein ehrlicher Kerl!« Ein etwas festerer Schlag: »Tat es jetzt weh?« »Nein.«

Nach mehreren Hieben hielt der Peiniger mit hilfloser Miene inne.

»Onkel Peter«, sagte John, »schlag mich lieber richtig, sonst ist sie mit dir nicht zufrieden.«

»Dummer Junge, du brichst mir noch das Herz. Hier hast du's!« *(klatsch)* »War das besser?«

»Ein bisschen.«

(klatsch) »Und das?«

John zuckte zusammen.

»Es wäre besser, wenn du schreist«, sagte Herr Brown und schlug noch einmal zu. »Schrei!«

John quiekte. Dann schluchzte er plötzlich: »Ach Onkel Peter, du bist so schrecklich lieb.« Er weinte bitterlich.

Mit einem Fluch warf Peter den Stock von sich. »Gott vergebe uns«, murmelte er, wickelte das Tuch von Johns Beinen und breitete es wieder auf dem Tisch aus.

»John«, sprach er und tätschelte seinem Neffen die Schulter, »weine nicht. Die Sache soll unser Geheimnis bleiben. Versprich mir, dass du dich nie wieder in die Nähe der Hühner begibst, es sei denn, deine Tante befiehlt es dir. Ich verlass mich auf den Wort. Ich vermute, du hast die Eier ausgeschlürft – das macht jeder Junge, wenn er Hunger hat und es dazu noch kalt ist. Du wirst deiner Tante sagen, dass du es bereust, und versuchen, dich mit ihr gut zu stellen, ja?« John nickte heftig, unfähig, ein Wort hervorzubringen.

»Guter Junge! Sprich morgen mit ihr, und geh jetzt schlafen. He, warte einen Moment. Hier hab ich noch ein Geheimnis. Erzähl niemandem davon.«

John bekam etwas in die Hand gedrückt. Dann geleitete Peter ihn aus der Küche. Auf dem Flur griff er sich eine kleine Nachtlampe, die er in der Nische des Zimmers abstellte, in dem der Junge schlief.

»Gute Nacht, John, und vergiss deine Sorgen«, sagte er und zog die Tür hinter sich zu.

Nach einer Weile öffnete John die Hand in der Erwartung, einen halben Penny vorzufinden. Stattdessen hielt er – kaum zu glauben, aber wahr – einen Shilling in Händen! Es dauerte lange, für einen kleinen Jungen jedenfalls, bis er einschlummerte. Aber als ihn der Schlaf endlich überfiel, da ergab sich ihm ein glückliches Kind, hatte sich doch alles zum Guten gewendet.

Als Frau Brown in die Küche zurückkehrte, stieß ihr Mann hinter den zitternden Seiten der Wochenzeitung hervor:

»Er hat schrecklich gelitten, Elizabeth. Ich hoffe, du hast ihn nicht gehört.«

Sie setzte sich, als wäre sie sehr erschöpft, und fuhr sich mit der Zunge über die Lippen:

»Ich habe mir die Finger in die Ohren gesteckt«, sagte sie.

Geschlechter-beziehungen à la Dilbert

SCOTT ADAMS

Jede Bahnhofs- und Flughafenbuchhandlung in jedem Land der Welt hat sie im Sortiment, jene Bücher, die uns sagen, wie wir den Erfolg pachten: wie wir alles mit links erledigen, uns zum Verkaufsgenie entwickeln und in einer Minute zum Orgasmus gelangen, um unsere Zeit noch besser zu nutzen. (Letzteres stammt von mir – sorry.)

Zweifellos die intelligentesten, aufschlussreichsten und nützlichsten Werke dieses Genres sind die Dilbert-Bücher von Scott Adams, die ihre Konkurrenz durch den Kakao ziehen (und sich zudem noch besser als diese verkaufen).

Narren sind für die zuträgliche Entwicklung einer Gesellschaft unverzichtbar. Sie machen uns darauf aufmerksam, dass unsere selbstverständlichen Annahmen das Leben betreffend nicht unbedingt richtig sind – die Annahme zum Beispiel, dass Männer die Welt im Griff haben.

Grundsätzlich gilt ...

In Zukunft werden Frauen in allen demokratischen Ländern der Erde das Sagen haben. Ich gründe diese Vorhersage auf zwei Thesen, ach was: Tatsachen, die niemand in Frage stellen kann:

1. Frauen beherrschen diese Welt bereits.

2. Es gibt niemanden, der sie davon abbringen kann.

Männer leben in einer Fantasiewelt. Ich weiß das, denn ich bin ein Mann und bekomme dort meine Post. Wir Männer lieben die Vorstellung, das Heft in der Hand zu haben. Und tatsächlich sind die meisten Spitzenpositionen in Wirtschaft und Verwaltung von Männern besetzt. Doch leider kann ich meinen männlichen Lesern an dieser Stelle ein schockierendes statistisches Fazit nicht vorenthalten: Es handelt sich um *andere* Männer! Der Anteil der Männer in solchen Spitzenpositionen beträgt ungefähr 0,0000001 Prozent der männlichen Bevölkerung. Ich gehöre nicht dazu. Ich kritzle nur Cartoons und schreibe diese dämlichen Bücher. Und wenn Sie dieses Buch lesen und ein Mann sind, dann gehören Sie wahrscheinlich ebenfalls nicht zu denen, die auf dieser Welt den Ton angeben.

Ich habe mit dem Generaldirektor eines Fortune-500-Unternehmens ungefähr so viel gemein wie mit meiner Katze. Es ist unlogisch zu behaupten, dass ich das Sagen habe, weil ich ein Mann bin und mir vollkommen fremde Leute mit ähnlichen Chromosomen exzellente Jobs haben. Doch genau das glauben viele Menschen.

Wenn Generalstabschefs überlegen, ob sie einen Krieg erklären sollen oder nicht, dann rufen sie nicht bei mir an und sagen: »Wir rufen alle Männer an, die auf dieser Welt das Sagen haben, und holen ihre Meinung ein.« Ob Sie es glauben oder nicht, sie fällen diese Entscheidungen, ohne mich zu fragen ...

Vielleicht wendet jetzt jemand ein, dass allein Männer Zugang zu den Spitzenjobs haben, Frauen hingegen nicht. Das ist zwar nicht ganz falsch, aber es ist eine mathematische Tatsache, dass

73

99,9999999 Prozent aller Männer ebenso wenig Aussicht auf diese Jobs haben. Es gibt einfach nicht genug davon. Der Rest von uns Männern lebt in einer Welt, die von Frauen regiert wird. Ich will das denjenigen Lesern, die das noch nicht bemerkt haben, gern näher erklären.

Welche Beweise ich dafür habe, dass die Frauen die Welt beherrschen? Sehen Sie sich nur einmal die Welt an, und überlegen Sie, wie viel anders sie aussähe, wenn die Männer *tatsächlich* das Sagen hätten. Führen Sie sich vor Augen, was Männer am meisten wollen, und prüfen Sie dann, ob die Welt so organisiert ist, dass man uns diese Wünsche *erfüllt*, oder so, dass man sie uns *verwehrt*. Würden die Männer die Regeln bestimmen, wäre es auf der Welt so eingerichtet, dass Männer bekommen, was sie am meisten wünschen, das ist doch wohl logisch.

Männer wollen Sex. Würden Männer die Welt regieren, könnten sie überall und jederzeit Sex haben. Restaurants würden ihren Gästen nicht Pfefferminzbonbons mit auf den Weg geben, sondern Sex. Tankstellen würden jedes Volltanken, Banken jeden, der ein Girokonto eröffnet, mit Sex belohnen.

Aber das gibt es nicht, jedenfalls nicht bei meiner Bank. (Ich habe zwar eine persönliche Kundenberaterin, doch das ist nicht das Gelbe vom Ei.)

Stattdessen bekommen wir Sex meistens dann, wenn den Frauen der Sinn danach steht, was gewöhnlich nicht der Fall ist. Will ein heterosexueller Mann Sex, dann muss er Türen aufhalten, Blumen kaufen, höflich sein, schwere Gegenstände tragen, Spinnen töten, sich an langweiligen Sachen interessiert zeigen, kurz: sich verhalten wie ein Vollidiot. *Dieses* System sollen Männer erfunden haben? Das kann allen Ernstes wohl niemand glauben.

Besäßen die Männer genügend Grips, um zu begreifen, was da vor sich geht, würden sie ihre körperliche Größe und Kraft vielleicht dazu nutzen, sich die Vorherrschaft über die Frauen zu sichern. Aber die Frauen sind zu clever, um dies zuzulassen. Vor Tausenden von Jahren kamen sie auf die Idee, ihre Wünsche als »Religion« auszugeben und sich auf diese Weise die Macht über die leichtgläubigen Männer zu sichern. Irgendwo auf der Welt, stelle ich mir vor, führte ein Paar folgendes Gespräch:

GATTE: »Ich bin in einer Stunde wieder zurück. Ich bin scharf auf die Frau unseres Nachbarn.«

GATTIN: »Das kannst du nicht machen!«

GATTE: »Warum nicht?«

GATTIN: »Äh … Gott hat's verboten. Gott ist ein allmächtiges Wesen. Wenn du ihm nicht gehorchst, lässt er dich in der Hölle schmoren.«

GATTE: »Oha, das war knapp. Danke, dass du mich gewarnt hast … Und wenn ich zuerst ihren Mann umbringe?«

GATTIN: »Oh, oh – da hast du auch schlechte Karten.«

Die Religion ist nur einer der Tricks, mit denen Frauen Männer an der Nase herumführen. Das Ganze ist viel komplexer.

Flirten

Heutzutage ist das Liebeswerben so geregelt, dass meist die Männer um ein Date bitten und die Frauen die zerbrechlichen männlichen Egos zermanschen wie Gummibärchen auf einer Schnellstraße in Los Angeles. Ich bin mir ziemlich sicher, dass es nicht die Männer waren, die sich dieses Prinzip ausgedacht haben.

Ginge es nach den Männern, würde jede Frau sowas wie einen Hormonmonitor tragen, dem Männer entscheidende Informationen entnehmen können, zum Beispiel ob die zyklische Stimmungskurve am Nullpunkt angelangt ist und wann ein hochgradiges sexuelles Interesse vorliegt. Dann wüssten wir, wann sich Anbaggern lohnt und wann wir besser ein paar Besorgungen erledigen sollten. So würden alle unermesslich viel Zeit sparen, aber offensichtlich hat niemand die Männer gefragt, wie Flirten funktionieren soll.

Geld

Im Schnitt werden Männer besser bezahlt als Frauen. Die meisten Menschen halten das für ungerecht, aber lassen Sie uns die Sache einmal von einer anderen Seite betrachten. Hätten sie die Wahl, würden die meisten Menschen lieber Geld ausgeben als verdienen. Und wer gibt das Geld aus?

Wenn Sie nicht glauben, dass Frauen den Großteil des Geldes ausgeben, dann gehen Sie in irgendein Kaufhaus und sehen Sie sich das Sortiment an. Sind Sie ein männliches Wesen, entdecken Sie vielleicht zwei Dinge, die Sie interessieren könnten: eine kabellose Bohrmaschine (Ihr Zweitgerät fürs Auto) und ein Ladegerät (das Ding sieht in der Garage echt heiß aus). Das war's dann auch schon. Aber *irgendwer* kauft den übrigen Kram, sonst gäb's die Kaufhauskette nicht. Irgendwer kauft sie, die Struwwelbezüge für Toilettendeckel. Irgendwer kauft die Dekoboxen für Kosmetiktücher. Irgendwer kauft die Tischsets.

Wer mag das wohl sein?

Kinder haben kein Geld. Tiere müssen vor der Tür warten. Negative Auslese bringt uns zu dem Schluss, dass es Frauen sein müssen, die all das Zeug kaufen. Frauen geben das meiste Geld aus.

Kämen Sie von einem anderen Planeten, der Schweiz zum Beispiel, und Ihnen wären lediglich zwei Tatsachen bekannt, nämlich

1. Männer verdienen das meiste Geld und

2. Frauen geben das meiste Geld aus:

Wer, glauben Sie, hält wohl wen am Dingsbums, schwenkt die Person, der das Dingsbums gehört, in der Luft herum und kreischt dabei: »Ich bin eine Frau, hörst du!«?

Es ist selbstredend eine rhetorische Frage.

Mode

Hätten Männer in modischen Fragen das Sagen, würden sie Frauen dazu bringen, unbequeme Schuhe mit spitzen Absätzen zu tragen, die die weiblichen Beine zu einem verführerischen Anblick machen. Sie würden BHs propagieren, die Brüste ohne ersichtlichen Grund frech aufrichten. Röcke, die jede Menge Bein zeigen, wären ein Muss fürs weibliche Business-Outfit. Die Männer wiederum kämen mit einem langweiligen grauen Anzug oder Jeans aus.

Ich will ehrlich sein: Ich glaube, es ist bereits so. Offenbar geben in der Mode die Männer den Ton an. Das ist allerdings das einzige Gebiet, auf dem sie das Sagen haben.

Ein zeitloses Rezept

MICHAEL LEUNIG

*An welchem Punkt verkehrt sich Selbstbewusstsein in Arroganz?
Muss man andere erniedrigen, um sich selbst zu erhöhen?*
 *In einem sechsteiligen Cartoon illustriert Michael Leunig hier eine
weitere Lebensweisheit: Ohne Bescheidenheit kann zwischen Mann
und Frau keine Nähe aufkommen.*

So, Sie sind also eine dieser allein stehenden Frauen zwischen dreißig und vierzig, die den Mann ihrer Träume nicht finden, und meinen, Männer seien zu dumm, um zu erkennen, wie großartig Sie sind. Sie sind eine dieser Frauen, die glauben, Männer seien zu stumpfsinnig und feige, um es mit Ihrer sprühenden Intelligenz aufzunehmen, mit Ihrem unerschütterlichen Selbstbewusstsein, mit Ihrer Überlegenheit und beeindruckenden Fülle von Erfahrungen und Erfolgen. Geben Sie die Hoffnung nicht auf. Die Lösung kann ganz einfach sein: Haben Sie je in Erwägung gezogen, dass Sie vielleicht zu eingebildet sind? Oder bloß zu anspruchsvoll und naiv? Oder zu scheinheilig und heuchlerisch? Zu ichbezogen und einfach unausstehlich? Haben Sie sich das jemals überlegt? Schließlich ist es nur natürlich – ja, zutiefst menschlich! –, so zu sein.

Oder fürchten Sie, im Augenblick gar nicht in der Lage zu sein, den Mann Ihrer Träume zu erkennen, selbst wenn er Ihnen über den Weg liefe, und dass dieser Mann sich nicht in Ihre Nähe trauen würde, weil Sie eine üble, kreischende und keifende Tyrannin sind, ein Quälgeist, eine fürchterliche Langweilerin, eine gerissene Größenwahnsinnige, die keine Skrupel kennt? Stellen Sie sich das einmal vor! Schließlich ist es vollkommen normal, so zu sein, durch und durch menschlich und letztlich auch durchaus verzeihlich.

Jedoch: Wenn Sie wirklich einen Mann haben wollen, dann müssen Sie eine gute Köchin sein – eine Köchin, die das Rezept für eine gute Partnerschaft kennt. Der Traum, Sie im Fünf-Sterne-Restaurant auf dem Tablett serviert zu bekommen, bringt nichts. Sie müssen sich auf ganz gewöhnliche, harte Arbeit gefasst machen: Sie müssen die Ärmel hochkrempeln und hinabsteigen in die Niederungen der KÜCHE DES GEBENS UND NEHMENS.

Zuerst müssen Sie
eintauchen in den
verbeulten alten
Kochtopf der Liebe
und sich in der
Marinade der
Sexualität suhlen.

Danach werden Sie
aufgegossen mit dem
Wein des Vertrauens
und dem Öl des
Mitgefühls und
gewürzt mit dem
Salz der Sünde und
des Leidens.

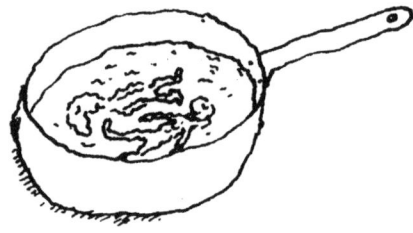

Nun werden Sie in die Pfanne des Chaos geworfen und
auf der Flamme der Aufrichtigkeit gebraten.

Sie werden aufge-
schnitten mit dem
scharfen Messer des
Kompromisses und
mit dem Löffel der
Pflicht...

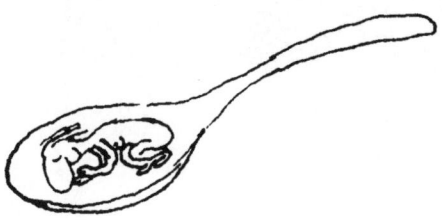

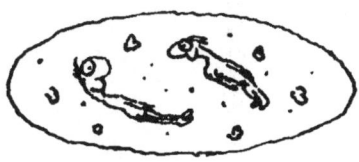

... auf dem Teller der
gegenseitigen Aner-
kennung angerichtet und
mit den Kräutern der
Bescheidenheit garniert.

Das ist der Punkt, an dem Sie das Tischgebet sprechen
dürfen.

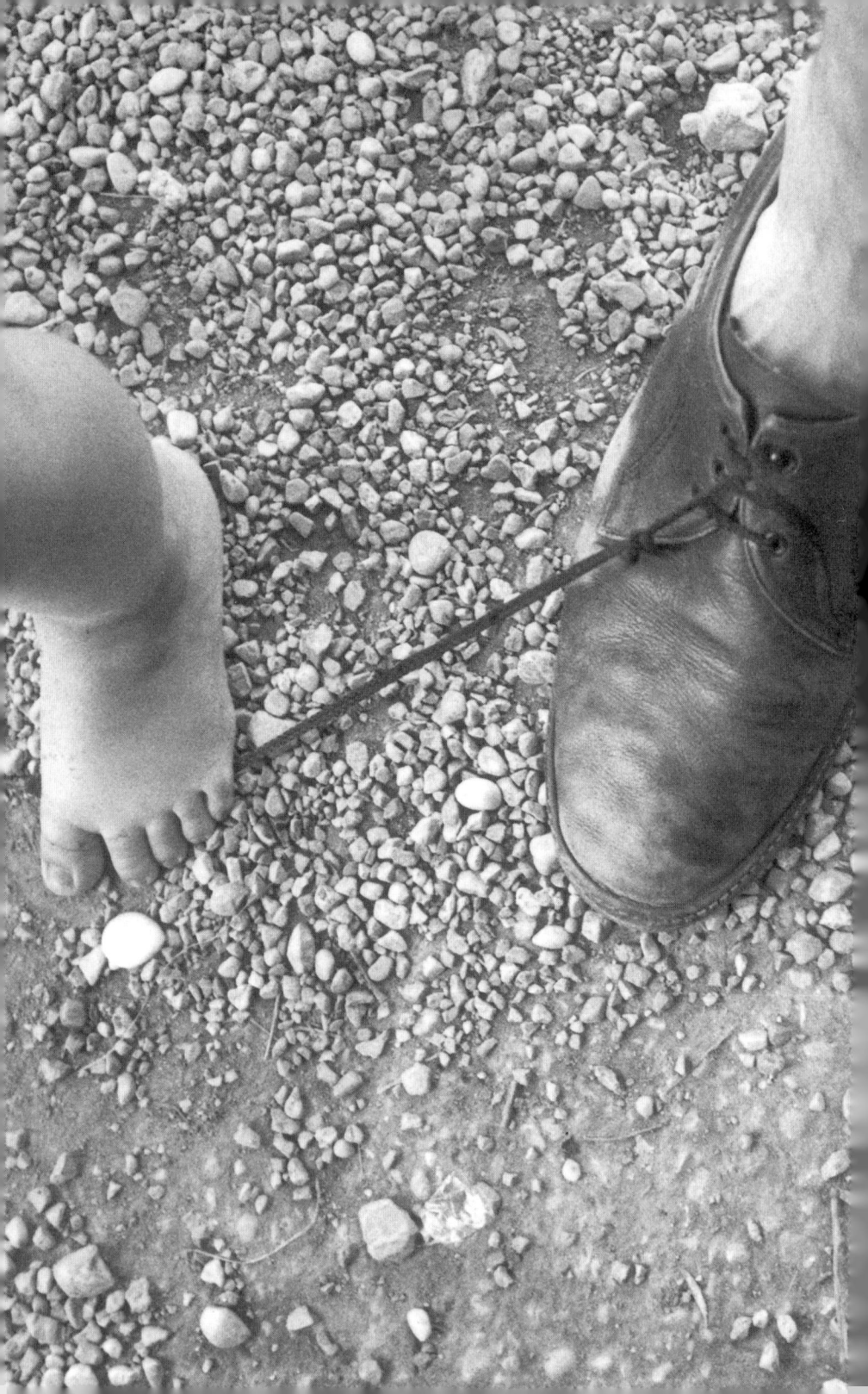

13

Mein seltsamer
»Großer Bruder«

MICHAEL POLLARD

Big Sister/Big Brother heißt ein Programm der YWCA, der Young Women's Christian Association, das Kindern, die Hilfe brauchen, erwachsene Mentorinnen und Mentoren desselben Geschlechts vermittelt. Freundschaft und gemeinsame Erlebnisse, so die Idee des sorgfältig überwachten Programms, sollen diesen jungen Menschen den Rücken stärken und ihnen zu einem stabilen Selbstwertgefühl, einem breiten Horizont und damit zu besseren Zukunftschancen verhelfen.

Michael Pollard, seit fünf Jahren ein »Kleiner Bruder«, erzählt hier sehr nachdenklich, wie diese Erfahrung sich auf sein Leben ausgewirkt hat. Beide Seiten geben einander etwas; wäre das nicht so, hätte das Programm weder Sinn noch Erfolg. Mit seiner bewundernswerten Bewusstheit und positiven Lebenseinstellung wird der Bericht dieses jungen Mannes gewiss auch Ihnen etwas geben.

Weitere Informationen über das Programm finden Sie im Anhang dieses Buches auf Seite 190.

Meine Eltern trennten sich, als ich noch sehr klein war, und lange Zeit bekam ich meinen Vater nicht zu Gesicht. Der einzige Mann in meinem Leben war mein Großvater, an dem ich sehr hing. Er starb, als ich zwölf Jahre alt war, und ich geriet allmählich in Schwierigkeiten. Vielleicht ließ ich meinen Unmut an anderen aus.

Ich war nur von Frauen umgeben. Männliche Rollenvorbilder besaß ich keine. Meine Mutter ist eine kluge Frau, und als sie von dem Big-Brother-Programm hörte, dachte sie, das wäre vielleicht das Richtige für mich. Dass sie mich auf die Warteliste hatte setzen lassen, erfuhr ich erst einen Monat vor meiner ersten Begegnung mit meinem »Großen Bruder« Joe. Die Vorstellung, mit jemandem aus einer ganz anderen Welt verkuppelt zu werden, machte mich ziemlich unruhig, aber ich sagte auch nicht Nein.

Ich erinnere mich noch an den Tag, an dem Joe zum ersten Mal zu uns kam. Er wartete auf dem Rasen vor dem Haus auf Shauna, die damalige Organisatorin des Programms. Einer meiner kleinen Cousins kam reingerannt und sagte: »Draußen wartet ein fremder Mann.« Wir gingen hinaus und sahen den seltsamen Kerl. Er stellte sich vor, und ich fand schnell, dass er ein echt netter Typ war.

Es ist schwer zu sagen, was es mir gebracht hat, einen »Großen Bruder« zu haben, weil ich nicht weiß, wie es ohne Joe gewesen wäre. Eines aber weiß ich genau: Hätte es ihn nicht gegeben, hätte ich noch viel mehr Schwierigkeiten bekommen.

Als ich zum ersten Mal – wegen Körperverletzung – angeklagt wurde, da besorgte mir Joe einen Anwalt, und er bat mich, ihm zu versprechen, dass ich keinen Ärger mehr machen würde. Ich begriff, dass er sich sehr sorgte. Schließlich war mir klar, dass er all das nicht tun musste, hätte er es nicht wirklich gewollt. Er bemühte sich, mir aus Schwierigkeiten herauszuhelfen, weil ihm an mir lag. Und ich dachte, wenn er sich die Mühe macht, dann muss auch ich versuchen, mir keinen Ärger einzuhandeln.

Wenn ich Joe ein Versprechen gab, hatte ich das Gefühl, es halten zu müssen.

In Riverwood, wo ich wohne, geraten die Jungs sehr schnell in Kontakt mit Banden. Das ist nichts Neues. Jugendgangs gibt es seit langer Zeit, aber: Sie haben immer mehr Zulauf, und ihre Delikte werden zusehends schwerer. Als ich noch ein Kind war, da entdeckten wir vielleicht vor einem Haus ein Paar Schuhe, und einer von uns

84

rannte hin und klaute es. Heute steht ein Freund von mir vor Gericht, weil er bei einem Hauseinbruch auf jemanden eingestochen hat. Eigentlich ist er ein kleiner Junge, der so etwas allein nie tun würde. Doch wenn die Mitglieder einer Gang sich treffen, schaukeln sie sich hoch, bis es heißt: »Los, wir überfallen eine Bank!« Wenn dann jemand sagt: »Nein, ich will das nicht«, wird er als Feigling beschimpft und macht am Ende doch mit. So zieht einer den anderen in die Sache hinein.

Banden verteidigen ihre Reviere. Bei uns in Riverwood gilt ein Jugendlicher, der nicht aus Riverwood kommt, als Bedrohung. Wird er von einem der Riverwood-Jungs angesprochen und gibt eine patzige Antwort, kriegt er was auf die Nase. Sich auf dem Territorium einer anderen Gang herumzutreiben, das ist ungefähr so, als würde man ohne Einladung ein fremdes Haus betreten.

Manche Vororte haben mehr Probleme mit Jugendbanden als andere. North Shore hat keine Gangs, denn dort muss man sich das Geld, das man braucht, um Spaß zu haben, nicht auf illegale Weise beschaffen. Hier bei uns haben viele keine Arbeit, und sie verstoßen gegen das Gesetz, um an Geld heranzukommen. Außerdem haben sie jede Menge Zeit, und um sie totzuschlagen, hängen sie auf der Straße herum und machen Ärger.

Banden haben aber auch eine gute Seite, nämlich die Loyalität. Als Mitglied weiß ich, dass mir immer jemand den Rücken deckt. Einer schützt den anderen, egal wie gefährlich es ist.

Ich schloss das zehnte Schuljahr ab. Weil ich keine guten Noten hatte, holte ich die Mittlere Reife nach. Ursprünglich wollte ich zum Militär, aber wegen einer Rückenverletzung bin ich nicht tauglich. Meine Tante baut derzeit eine Spedition auf, und ich will mich an der Firma beteiligen; bis ich die Lizenz habe, arbeite ich als Aushilfe.

Inzwischen habe ich im Hinterhof eine Einliegerwohnung gebaut. Zwei Freunde haben mir dabei geholfen. Den Zement haben wir eine elend lange Zeit Tag für Tag von Hand gemischt! Jetzt lebe ich mit meiner Freundin in der Wohnung.

Einen »Großen Bruder« zu haben, das hat für mich auch bedeutet, vieles erleben zu können, auf das ich sonst hätte verzichten müssen. Es gibt Dinge, die kann man mit seiner Mutter nicht unternehmen, beispielsweise sich im Stadion ein Football-Spiel ansehen. Doch mit Joe gehe ich Football spielen, mit ihm gehe ich zum Klettern, fahre ich Jeep, spiele ich Golf – lauter Sachen, die man mit Frauen nicht machen kann. Manches, Golf zum Beispiel, interessiert meine Freunde nicht und daher hätte ich das ohne Joe nie ausprobiert. Ich war ganz überrascht, aber das Golfspielen gefiel mir! Ein anderes Mal haben Joe und seine Brüder mir gezeigt, wie man einen Rückwärtssalto macht, und jetzt kann ich das richtig gut, vor allem auf dem Trampolin. Beim diesjährigen Men's Leadership Gathering in Tasmanien habe ich das vielen älteren Jungen beigebracht. Es war irre!

Außer den gemeinsamen Unternehmungen gibt es noch etwas: In harten Zeiten hat Joes Rat mir viele Male geholfen. Joe hat mir gesagt, dass ich andere so behandeln soll, wie ich von ihnen behandelt werden möchte. Ich habe das früher nicht so gesehen – es gab immer nur mich und meine Freunde. Die anderen behandelten wir wie Dreck. Zuerst habe ich nur »Wenn du meinst« gesagt und Joes Worte nicht weiter beachtet, aber nach einer Weile wurde ich vernünftiger, und ich begann es zu kapieren. Heute höre ich hin, wenn andere mir etwas sagen, denn ich habe erfahren, dass einem manches davon helfen kann.

An einen Vorfall erinnere ich mich besonders gut. Ich war damals fünfzehn. Zusammen mit einem Freund beraubte ich auf der Straße einen gleichaltrigen Jungen. Ich landete vor Gericht. Joe war entsetzt: Er hatte nicht gedacht, dass ich wieder etwas anstellen würde, nachdem ich ihm versprochen hatte, sauber zu bleiben. Weshalb ich diese verdammte Dummheit begangen hatte, wollte er wissen. »Ich wollte ihm eine Lektion erteilen«, antwortete ich. Er war echt sauer: »Und was, meinst du, hat er daraus gelernt? Du bist einer schweren Straftat angeklagt, Polizei und Gericht bringen dir dein Leben durcheinander, und er lässt es sich zu Hause gut gehen. Toll! Der hat seine Lektion gelernt, was?«

Ich glaube, dass auch Joe aus unserem Kontakt einiges gelernt hat. Ich habe ihn nie belogen, weil er mich nie belogen hat. Ich glaube, ihm war nicht klar, wie hart das Leben für Jugendliche sein kann. Einen Begriff davon bekam er erst, als er sah, woher ich kam. Er erfuhr, dass ein Jugendlicher es nicht unbedingt deswegen mit der Polizei zu tun bekommt, weil er etwas Unrechtes getan hat. Mich hat die Polizei einmal durchsucht, bloß weil ich in einer Ecke saß und nichts tat. Ein andermal spielte ich mit ein paar Freunden Basketball, da packten mich Polizisten, knallten meinen Kopf gegen eine Wand, legten mir Handschellen an und durchsuchten mich – weil meine Kleidung der Beschreibung von jemandem entsprach, der soeben einen Raub begangen hatte. Als ich Joe erzählte, was passiert war, geriet er in Rage und sorgte dafür, dass die Polizei sich schriftlich bei mir entschuldigte.

Einen »Großen Bruder« zu haben war ein großes Glück für mich. In den vergangenen fünf Jahren habe ich jeden Sonntag mit Joe verbracht. Ich habe seine Familie kennen gelernt, und auch sie akzeptiert mich. Wir werden für immer Freunde sein.

Mein Leben sieht jetzt ganz gut aus. Ich habe eine Wohnung für mich und meine Freundin. Bald werde ich Geld verdienen. In einigen Jahren, stelle ich mir vor, werde ich einen guten Job, ein schönes Auto und eine schöne Wohnung haben und verheiratet sein.

Ich bin froh, dass ich mein Leben selbst planen kann. Viele meiner Freunde blicken in eine Zukunft, die andere für sie geplant haben – sie sind im Gefängnis, und sie bleiben dort. Vielleicht stünde es anders um sie, wenn sie ebenfalls einen »Großen Bruder« gehabt hätten.

14 Glück

QUAN YEOMANS / REGURGITATOR

Über die Musik, die Jugendliche hören, hat Frank Pittman, ein bekannter Familientherapeut, gesagt: »Hören Sie sich diese Musik einmal an. Niemand erwartet von Ihnen, mit ihr zu leben – sie zieht die Tapete von den Wänden ... und bringt den Kühlschrank zum Schmelzen. Aber die Texte helfen Ihnen, besser zu verstehen, wie beängstigend es ist, ein Jugendlicher zu sein.«

Gemacht wird die Musik, die Jugendliche hören, heute zu neunundneunzig Prozent von Männern in grauen Anzügen, die die Themen Entfremdung und Protest konsumentenfreundlich verpacken wie Limo fürs Supermarktregal. Kein Wunder, dass die Jugend die Orientierung verliert, wenn selbst das Rebellieren als konform gilt. Lebendig ist die Musikszene trotzdem und auch immer wieder kreativ.

Eines sollte man unbedingt wissen: Wenn Jugendliche durch Worte oder Verhalten ausdrücken »Das ist mir egal«, dann ist es ihnen überhaupt nicht gleichgültig. Wie tief betroffen sie im Gegenteil sind, lässt folgender Auszug aus dem Song Happiness *ahnen, den Quan Yeomans für seine australische Band Regurgitator (»Wiederkäuer«) geschrieben hat: »Ich hab ein Körnchen Wahrheit im Auge. / Es brennt höllisch, tut zum Heulen weh.«*

Ich liebe diesen belanglosen Müll,
und es scheint, er liebt mich auch.
Pappt an den Zähnen wie Plastikkleber,
macht ja alles so lieblich.
Die große, weite Welt der Bitterkeit
ist Gift für meine Zunge.
Ich geb dem Leben eine süße Auszeit
und reiß das Päckchen Spaß auf.

Mein Hirn ist vernebelt, alles wiederholt sich, und
am Ende ist es, wie es immer war.

Strahl weiter, treue Mattscheibe,
wieg mich in deinem fahlen Licht.
Ich tu alles, was du sagst.
Versprich mir nur, du lässt mich nicht allein.
Venus aus dem Hochglanzheft,
berühr mich, mach mich scharf.
Irgendwie stell ich mir vor,
du bist nur für mich da.

Mein Hirn ist vernebelt, alles wiederholt sich, und
am Ende ist es, wie es immer war.

Trübt mir den Verstand, betäubt meinen Schmerz,
ich will nichts mehr davon wissen.
Schlagt mich nieder, ich komm wieder hoch,
ihr wisst, ich tu, was man mir sagt.
Ich hab ein Körnchen Wahrheit im Auge.
Es brennt höllisch, tut zum Heulen weh.
Und wenn ich jetzt aufsteh, frag ich mich,
warum wird alles so grau…

Mein Hirn ist vernebelt, alles wiederholt sich, und
am Ende ist es, wie es immer war.

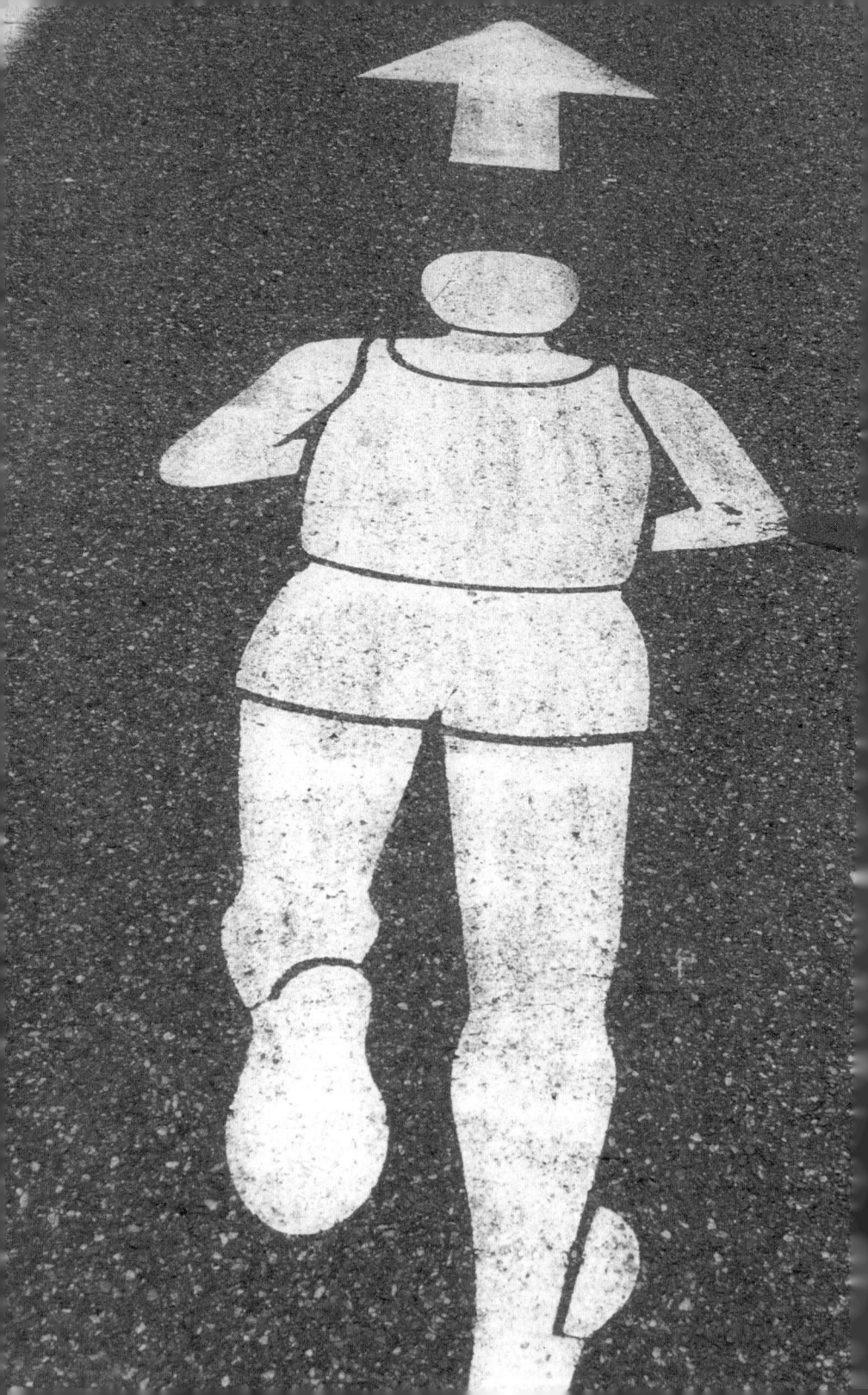

Die Welt des Sports

BILL BRYSON

Zu den ungemein beliebten Reisebüchern von Bill Bryson zählen Streiflichter aus Amerika – Die USA für Anfänger und Fortgeschrittene, Straßen der Erinnerung – Reisen durch das vergessene Amerika, Reif für die Insel – England für Anfänger und Fortgeschrittene, Picknick mit Bären *und* Frühstück mit Kängurus – Australische Abenteuer. *Hinter Brysons Humor versteckt sich zuweilen eine leise Missbilligung der Auswüchse unserer modernen Zivilisation. In dieser Erzählung macht er keinen Hehl daraus, dass die Entwicklung, die der Sport nimmt, ihm gar nicht gefällt.*

Früher galt Sport als pädagogisch wertvoll, stand er doch in Einklang mit den Idealen unserer Erziehung. Sport, das hatte mit Charakterbildung zu tun, mit Spaß, Herausforderung, Fitness und Gemeinschaftsgeist.

Heute ist das nicht mehr so – es sei denn, wir werden schnellstens wieder vernünftig.

Seit einiger Zeit spielt der sechs Jahre alte Sohn einer Freundin von uns – sie ist allein erziehende Mutter – Eishockey, eine Sportart, die man hier sehr ernst nimmt. Beim ersten Treffen des Teams schlug ein Vater vor, nach welchem Prinzip welches Kind wie lange in einem Match spielen sollte: Die sieben besten Jungen sollten achtzig Prozent der Spielzeit bestreiten und die weniger guten Spieler in der übrigen Zeit eingesetzt werden – selbstverständlich nur, solange dem Team der Sieg sicher war.

»Ich halte das für die fairste Lösung«, schloss er, begleitet vom feierlichen Nicken der anderen Väter.

Unsere Freundin, die nicht ahnte, welche Rolle Testosteron in solchen Angelegenheiten spielt, erhob sich und meinte, dass es möglicherweise noch fairer sei, alle Kinder gleich lang spielen zu lassen.

»Aber dann werden sie nicht gewinnen«, gab der Vater völlig entgeistert zu bedenken.

»Ja«, stimmte unsere Freundin ihm zu. »Und?«

»Wenn man nicht gewinnen kann, wozu spielt man dann?«

Nur zur Erinnerung: Es ging um Sechsjährige. Ich habe hier, in dieser Zeitung, nicht den Raum, um über all das zu sprechen, was in Amerika auf nahezu jeder Ebene im Sport schief läuft. Lassen Sie mich daher exemplarisch einige Punkte anführen, die Ihnen vielleicht eine Vorstellung davon geben, wie sportlicher Wettkampf sich heutzutage in Amerika darstellt.

Erstens: Um die Teilnehmer anzuspornen und die Zahl »unserer« Medaillen zu erhöhen (was natürlich das Wichtigste auf der Welt ist), erhielten die amerikanischen Schwimmer bei der letzten Olympiade für jede Medaille aus ganz offiziellen Quellen bis zu 65.000 Dollar. Sein Land zu repräsentieren und sein Bestes zu geben, das genügt als Anreiz anscheinend nicht mehr.

Zweitens: Zur Gaudi ihrer Fans und um Punkte für die nationale Wertung zu sammeln, treten die stärksten College-Footballteams jetzt regelmäßig gegen Mannschaften an, die ihnen hoffnungslos unterlegen sind. In der vergangenen Saison, in einem wahrlich stolzen Augenblick der Sportgeschichte, nahm die Unversity of Florida, in der nationalen Wertung auf Platz zwei, die Herausforderung der unbeschriebenen Central Michigan University an und siegte mit 82:6.

Drittens: Wer bei der Fernsehübertragung des diesjährigen Super Bowl 60 Minuten Football sehen wollte, musste inklusive Werbespots, Programmvorschauen und Schleichwerbung 113 Minuten absitzen. (Ich hab's nachgezählt.)

Viertens: Will eine vierköpfige Familie sich ein Oberliga-Baseballspiel ansehen, muss sie mehr als zweihundert Dollar berappen.

Ich erwähne all dies nicht, um zu sagen, dass das Kommerzdenken in diesem Land auf Kosten der Fairness geht und dem Sport viel von seinem Spaß geraubt hat. Das ist zwar so, aber ich will hier damit nur erklären, weshalb ich die Basketballspiele des Dartmouth College so sehr liebe.

Dartmouth College, so heißt die hiesige Universität. Das College gehört zur Ivy League, einem Verbund von acht ehrwürdigen und blitzgescheiten Institutionen: den Eliteuniversitäten Harvard, Yale, Princeton, Brown, Columbia, Penn, Cornell und Dartmouth. Auf diese Universitäten gehen die Kids, um angesehene Wissenschaftler und Professoren zu werden, nicht um als Profi-Basketballer zwölf Millionen Dollar im Jahr einzustreichen. Sie spielen aus Freude am Spiel, aus Kameradschaft, wegen des Nervenkitzels – wegen all jener Dinge, die uns in diesem Land weitgehend abhanden gekommen sind.

Vor drei Jahren, im Winter, ging ich zum ersten Mal zu einem Spiel. In der Stadt war mir in einem Schaufenster ein Plakat aufgefallen, das die Saisoneröffnung für denselben Abend ankündigte. Seit zwanzig Jahren hatte ich kein Basketballspiel mehr besucht.

»He, heute abend spielt Dartmouth«, rief ich freudig aus, als ich nach Hause kam. »Wer geht mit?«

Fünf Gesichter starrten mich mit einem Ausdruck an, den ich zum letzten Mal erblickt hatte, als ich vorschlug, in den nächsten Ferien in Slowenien zu zelten. »Okay, dann geh ich allein hin«, schniefte ich. Am Ende erbarmte sich meine jüngste Tochter, sie war damals zehn Jahre alt, und begleitete mich.

Es war großartig! Dartmouth trug nach einem spannenden Spiel den Sieg davon, und wir quasselten wie Wasserfälle, meine Tochter und ich, als wir heimkehrten. Einige Tage später siegte Dartmouth wieder ganz knapp, und wieder kamen wir quasselnd wie Wasserfälle nach Hause.

Auf einmal wollten alle mit. Aber nun kommt's: Jetzt wollten *wir* nicht mehr. Es war *unser* Ding.

Seit nunmehr drei Spielzeiten sind meine Tochter und ich dabei, wenn Dartmouth spielt. Es ist zum Ritual geworden. Alles daran ist super. Das Stadion können wir bequem zu Fuß erreichen. Die Karten sind billig und die – wenigen – Zuschauer freundlich und ihrem Team treu. Eine liebenswert schlechte Band feuert uns mit Muntermachern wie *Hawaii Five-O* an. Danach tauchen wir in die kalte Winternacht ein und gehen plaudernd nach Hause. Diesen Spaziergängen habe ich es zu verdanken, dass ich weiß, wer die *Spicegirls* sind, dass *Scream 2* obercool war und dass Matthew Perry überirdisch süß ist. Und manchmal, wenn jede Gefahr gebannt ist, dass eine Menschenseele es sehen könnte, hält sie mit mir Händchen. Es ist einfach toll!

Im Mittelpunkt aber steht das Spiel. Zwei Stunden lang schreien und bangen wir, raufen uns die Haare und haben nichts im Sinn als die Hoffnung, dass es unseren Jungs öfter als den anderen Jungs gelingt, einen Ball in einen Ring zu werfen. Wenn Dartmouth gewinnt, dann sind wir in Hochstimmung. Wenn nicht – nun denn, was soll's. Es ist ja nur ein Spiel. Genau darum geht es beim Sport.

Zum Dartmouth-Team gehörte im vergangenen Jahr ein Zweimeterzehn-Hüne namens Chris. Chris brachte alle Attribute von Größe mit – außer, ach, Begabung fürs Basketballspielen. Folglich verbrachte er die allermeiste Zeit seiner Karriere auf dem hintersten Ende der Ersatzbank. Manchmal, sehr selten, wurde er in den letzten fünfzehn bis zwanzig Sekunden eines Spiels eingesetzt. In diesen Fällen spielte ihm unweigerlich jemand den Ball zu, den natürlich jemand abfing, der kleiner war als er. Woraufhin Chris bedauernd den Kopf schüttelte und wie eine Giraffe in großen, leichten Sätzen auf die andere Seite des Spielfelds wechselte. Er war unser Lieblingsspieler.

Das letzte Spiel der Saison findet traditionell für die Eltern statt, die aus allen Richtungen herbeiströmen, um ihre Söhne anzufeuern.

Außerdem ist es Tradition, bei diesem letzten Heimspiel die Studenten, die gerade ihr Abschlussexamen machen, zu Spielbeginn aufs Feld zu schicken.

Bei diesem Spiel fällt das Ergebnis nichts ins Gewicht, aber das schien sich der Kenntnis unseres baumlangen Helden zu entziehen. Chris wirkte konzentriert und angespannt, als er auf dem Feld antrat. Dies war seine erste und letzte Chance zu zeigen, was in ihm steckte, und er hatte nicht vor, sie sich nehmen zu lassen.

Der Schiedsrichter pfiff, und das Spiel nahm seinen Lauf. Unser Chris rannte vier- bis fünfmal übers Feld und wurde dann zu unserer und seiner großen Verwunderung vom Feld geholt. Er hatte kaum länger als eine Minute gespielt. Er hatte nichts falsch gemacht – hatte gar keine Gelegenheit gehabt, etwas falsch zu machen. Er bezog seinen gewohnten Platz auf der Ersatzbank, warf seinen Eltern einen entschuldigenden Blick zu und verfolgte das Spiel mit Tränen in den Augen. Jemand hatte vergessen, dem Trainer zu sagen, dass Gewinnen nicht alles ist.

In dieser Woche hat Dartmouth sein letztes Heimspiel der Saison. In diesem Jahr wird man wahrscheinlich zwei Jungs erlauben, pro forma ein bis zwei Minuten übers Feld zu laufen, und sie dann gegen bessere Spieler auswechseln.

Meine Tochter und ich haben beschlossen, dieses Spiel auszulassen. Ideale sind nur noch selten zu finden, und wir wollen nicht mit ansehen, wie sie in den Schmutz gezogen werden.

95

Die Schwalbe, die unter Wasser Winterschlaf hält

DAVID QUAMMEN

»Wir alle lassen uns auf einen Handel mit unserem Leben ein.« Wie eine scharf gemachte Bombe erscheint dieser Satz, mit dem der amerikanische Schriftsteller David Quammen seinen Essay über den renommierten Naturforscher Gilbert White einleitet. Außergewöhnlich, so Quammens These, war Whites Leben wegen der Dinge, die ihm fehlten.

Die Fähigkeit, uns frei zu entscheiden, ist es, was uns Menschen auszeichnet. Gilbert White (1720–93) verschrieb sein Leben einer Leidenschaft und nahm dafür eine lebenslange Einsamkeit hin. Konzentrieren wir uns zu wenig auf unsere Interessen, ist unser Leben sinnlos; tun wir es zu sehr, werden wir einseitige Sonderlinge.

Versuchen Sie, wenn Sie diesen feinsinnigen Text lesen, weder der Bewunderung für Whites Leistung noch der leisen Traurigkeit, die sein Leben überschattet hat, zu erliegen. Denken Sie dann in aller Ruhe über Ihr eigenes Leben nach.

Wir alle lassen uns auf einen Handel mit unserem Leben ein. Wir tun es unsichtbar, manchmal unbewusst, und wir tun es im Alleingang, nicht im Rahmen von Tarifverhandlungen. Wir werden handelseinig – zu Bedingungen, die sich von Fall zu Fall unterscheiden. Einige von uns geben nicht nach, um mehr zu erreichen und es besser zu haben, wo andere einen Vergleich schließen würden. Einige von uns schließen einen Vergleich, wo andere nicht nachgeben würden. Wir verlassen die Heimat oder heiraten früh, wir melden uns zum Militärdienst, nehmen ein Studium auf, spielen beim Theater vor oder wechseln den Arbeitsplatz; dann lassen wir uns durch die Mangel drehen oder aus der Bahn werfen oder verkaufen alles, wenn sich zufällig Käufer finden; wir investieren Jahre, setzen Geld aufs Spiel, heiraten spät, gehen ins Ausland, ziehen prächtige Kinder groß, ziehen eine Teufelsbrut heran, machen Konkurs, kaufen aus Lust und Laune eine Harley-Davidson und brausen in Ledermontur über die Autobahn, geizen und sparen, fahren eine fünfzehn Jahre alte Rostbeule, opfern uns mit Freuden auf, scheißen drauf, trödeln, gammeln herum, halten Kurs, feiern die Examen unserer Kinder, bleiben unseren Überzeugungen treu, verstreuen unsere Saat wild im Wind, heiraten mehrmals, reisen in die Ferne auf der Suche nach einer Heimat, verlieren haushoch, gewinnen haushoch, trauern Dingen nach, verwirklichen am Ende unseren kühnsten Traum. Oder aber nicht. Die Summe all dessen, was wir getan und ertragen haben, und all dessen, was wir unterlassen haben und nicht haben ertragen wollen – das ist der individuelle Handel, den wir abschließen und den wir, mal feierlich, mal resigniert, mit dem Begriff *Schicksal* belegen.

Doch es gibt kein Schicksal. Was es gibt, ist ein lebenslanges Abwägen des Möglichen und des Naheliegenden.

Doch es gibt kein Schicksal. Was es gibt, ist ein lebenslanges Abwägen des Möglichen und des Naheliegenden. Am Ende steht eine Folge von Regelungen, die nur teils auf freiem Entscheid beruhen; schließlich geht es nur noch um Erd- oder Feuerbestattung. Wir können vielleicht noch bestimmen, ob unsere Asche in einer silbernen Urne bewahrt oder in einen Gebirgsbach gestreut werden soll. Dann aber ist es vorbei mit unserer Geschäftemacherei, es sei denn, wir haben ein unverschämt penibles Testament ausgetüftelt. Sie schließen Ihren einzigartigen Handel ab und ich meinen einzigartigen, doch das Muster ist dasselbe. In der ersten Hälfte seiner Mannesjahre ließ sich vor mehr als zwei Jahrhunderten ein bescheidener englischer Geistlicher namens Gilbert White auf seinen höchstpersönlichen Handel mit dem Leben ein.

Wie Sie und ich, so musste dieser Mann versuchen, in Einklang zu bringen, was er einerseits vom Leben erwartete und andererseits hinzunehmen bereit war.

Bekannt ist Gilbert White als Autor von *The Natural History of Selborne* (»Die Naturgeschichte von Selborne«), einem Werk der englischen Literatur, das sich einer außergewöhnlich beständigen Beliebtheit erfreut. Einer neueren Statistik zufolge ist das Buch (gemessen an der Zahl der Auflagen) der am vierthäufigsten publizierte Titel in englischer Sprache. White selbst wird als Großvater der Ökologie und stilprägender Verfasser naturkundlicher Essays gerühmt. Ungeachtet seiner hohen Reputation war er in der Tat ein ungewöhnlich scharfer Beobachter und versierter Autor. Indem er die Lebensweisen und -räume von Tieren studierte, statt lediglich ihre getrockneten Kadaver zu inspizieren, stellte er damals, als die moderne Wissenschaft noch in den Kinderschuhen steckte, eine seltene Ausnahme dar. Abgesehen von diesem einen Büchlein gibt es in seinem Leben so gut wie nichts, was auch nur annähernd Eindruck hinterlassen hat. Dieses eine Werk aber ist voll von kleinen Einsichten, Charme und Tiefsinn und auf seine Weise so einflussreich wie *Walden oder Leben in den Wäldern* von Henry David Thoreau (1817–62).

Doch lassen wir das Buch und seine Wirkungsgeschichte jetzt einmal beiseite. Vielleicht haben Sie es bereits gelesen. Falls nicht, können Sie das eines Tages nachholen, in einem Flughafen zum Beispiel, wenn es Sie nach einem friedvollen Gegenstück zur hektischen Wirklichkeit verlangt; bilden Sie sich dann Ihre eigene Meinung.

Am Menschen Gilbert White faszinieren – mich jedenfalls – zwei Tatsachen weitaus mehr, als sein Stellenwert in Literatur und Wissenschaft.

Erstens: White verbrachte die meiste Zeit seines Lebens in dem kleinen Dorf, in dem er geboren wurde und starb.

Zweitens: Trotz fünfzig Jahren aufmerksamer Beobachtung hielt er an der Vorstellung vom Winterschlaf der Schwalben fest.

Die irrige Annahme, Schwalben hielten Winterschlaf, geht bis auf Aristoteles zurück, der dies im vierten vorchristlichen Jahrhundert in seiner Schrift *Historia Animalum* (»Naturgeschichte der Tiere«) behauptet hat. Eine große Zahl von Vögeln, so Aristoteles, verstecke sich, statt im Winter in wärmere Gebiete zu ziehen. Schwalben zum Beispiel, fährt er fort, habe man häufig ohne Gefieder in Höhlen entdeckt. Wasseramseln, Störche und Turteltauben, ergänzt er, suchten ebenfalls Verstecke auf und verfielen in Winterstarre. Es sei vorstellbar, dass eine Wasseramsel, jener seltsame Vogel, der teils im Wasser lebt und sich auf dem Grund von Flüssen fortbewegen kann, unter Wasser überwintert. Ein Storch hingegen würde vermutlich einen hohlen Baumstamm bevorzugen.

Es finden sich noch weitere Spuren falscher biologischer Dogmen im Werk von Aristoteles, zum Beispiel die Erklärung, Aale würden aus Regenwürmern geboren, während Regenwürmer spontan im Schlamm entstünden. Am längsten hielt sich die irrige Vorstellung vom Winterschlaf der Schwalben. Noch zwei Jahrtausende später, zu Lebzeiten von Gilbert White, hat möglicherweise selbst Carl Linnaeus (Carl von Linné), der Begründer der biologischen Systematik, noch daran geglaubt. Ohne jeden Zweifel tat es A. M. Berger, einer von Linnaeus' herausragenden Studenten: In seinem *Calendarium Florae* erwähnt er die Behauptung, als wäre sie ein wissenschaftlich bewiesener Tatbestand. Bei Bergers Vorstellung vom Winterschlaf der Schwalben handelt es sich um die völlig verrückte Unterwasserversion. Jede Jahreszeit kündigte sich mit verlässlichen Anzeichen an und Anfang September, beobachtete Berger, rüsteten die Schwalben sich für ihren Unterwasser-Winterschlaf.

In seiner Naturgeschichte von Selborne geht White auf Bergers Behauptung ein. Er gesteht, dass er geneigt sei, ihr Glauben zu schenken. Eine Überwinterung unter Wasser schien sich mit dem zu decken, was er mit eigenen Augen gesehen hatte: dass Schwalben und ihre Verwandten sich Mitte Herbst, wenn die Jungen flügge und die Nester verlassen waren, an Teichen und Flüssen zu aufgeregten Scharen versammelten. »Sollten diese zarten kleinen Vögel, von denen manche vor zwölf Tagen noch Nestlinge waren, zu dieser späten Jahreszeit ihre Quartiere auf die andere Seite des nördlichen Wendekreises verlegen?«, fragt er. »Oder ist es im Gegenteil nicht weitaus wahrscheinlicher, dass die nächste Kirche, steile Kalksteinklippe oder

Zuflucht oder vielleicht auch die nächste Sandbank, der nächste See oder Teich (wie ein Naturkundler aus nördlicheren Breiten sagen würde) zu ihrem *Hibernaculum* werden, weil sie sich als nahe liegende, bequeme Schlupfwinkel anbieten?« Dies war weniger eine rhetorische Frage als vielmehr ein Ausdruck des Zweifels, der tatsächlich an ihm nagte: War es möglich oder nicht? Er konnte sich nicht entscheiden. Achtzehn Jahre, gestützt auf Beobachtungen und Überlegungen, die einen Großteil seines langen Lebens ausfüllten, brauchte er, um *The Natural History of Selborne* zu vollenden (zum Teil weil er das Buch unbedingt mit einer pedantischen Abhandlung über Altertümer vervollständigen wollte, die in manchen Ausgaben gnädigerweise gestrichen wurde). Trotzdem: Es gelang ihm nicht, die Frage zu klären, wie Schwalben überwintern.

Seine Augen und seine Kenntnis der Vogelwelt legten ihm eine bestimmte Lösung nahe, glaube ich, während sein Herz für eine andere Antwort schlug.

Selborne ist ein winziges altes Dorf, das sich rund siebzig Kilometer südwestlich von London in die Hügel und Wiesen von Hampshire bettet. Zu Lebzeiten von White bedeuteten diese siebzig Kilometer eine lange Reise mit der Kutsche von einer Welt in eine andere. Wie tiefe Kanäle ziehen die Gassen sich durch Selborne, die Folge des Verkehrs und der Erosion von Jahrhunderten. Auf dem Kirchplatz wacht eine Eibe mit mächtigem Stamm, von der man glaubt, dass sie schon seit mehr als 1200 Jahren dort steht. Gleich neben der Kirche befindet sich das Pfarrhaus, in dem Gilbert 1720 geboren wurde. Sein Großvater war Vikar von Selborne.

Im Großen und Ganzen erscheint das Leben von Gilbert White einfach, zufrieden und beschaulich. Nach dem Tod des Großvaters, Gilbert war damals etwa neun Jahre alt, wuchs er in einem stattlichen Haus namens The Wakes auf, das gegenüber dem Pfarrhaus auf der anderen Seite des Dorfangers stand. Er war ein Junge, der am liebsten draußen spielte, der Bäume pflanzte und gelegentlich seine Beobachtungen der Natur zu Papier brachte. Er ging in ein auswärtiges Internat und anschließend nach Oxford. Mit Mitte zwanzig wurde er zum Diakon geweiht. Damit befand er sich in der Position eines Geistlichen auf der Suche nach einer Anstellung. In seinen Dreißigern besuchte er auf ausgedehnten Reisen durch England Freunde und entfernte Verwandte, er lernte Englands Landschaften kennen und übernahm hier und da Vertretungen als Priester.

Heimat und Zuflucht aber war ihm stets, selbst in diesen Jahren, Selborne. 1760 kehrte er dorthin zurück. Er trat in einer nahen Gemeinde ein bescheidenes kirchliches Amt an. Bis ans Ende seines Lebens wohnte er in The Wakes, dem alten Haus seiner Familie. Er wurde ein gewissenhafter Gärtner und begann, die Beobachtungen in seinem Garten zu protokollieren, was sich zunächst recht knapp und nüchtern las, allmählich jedoch zum Tagebuch eines leidenschaftlichen Naturkundlers entwickelte. Er heiratete nicht, ja scheint nicht einmal ein Verhältnis eingegangen zu sein. Gilbert, so formulierte es einer seiner jüngeren Biografen, »besaß nur eine Geliebte – Selborne«. Richard Mabey, ein anderer Kenner von Whites Leben und Werk, schreibt: »Er vernachlässigte nie die Pflichten seines geistlichen Amtes, doch angesichts der paar Dutzend Hochzeiten und Bestattungen, um die er sich jährlich zu kümmern hatte, blieb ihm für seine naturkundlichen Interessen reichlich Zeit.« Er beobachtete Vögel. In seinem Tagebuch hielt er ihre jahreszeitlich bedingten Verhaltensweisen fest. Jahr um Jahr führte er Buch. Er befasste sich mit Feldschwirlen und Nacktschnecken und Igeln und dem Wetter und den Überwinterungsgewohnheiten einer alten Hausschildkröte namens Timothy. Er zog Honigmelonen, so saftig, dass ein Priester mit Fug und Recht stolz sein durfte. Mit besonderer Hingabe beobachtete er die Rauchschwalbe *(Hirundo rustica)* und einige verwandte Arten (Mehl- oder Hausschwalbe und Mauersegler).

Schließlich schrieb er sein Buch. Er schrieb es als Folge von Briefen, die mit Informationen gespickt sind und sich an zwei Männer richten, beide Naturforscher, aber bekannter und weitgereister als er. Die erste Auflage hatte bescheidenen Erfolg. Vierzig Jahre nach Whites Ableben kam das Buch überraschend in Mode. Heute sprechen Historiker vom »Kult um Gilbert White und Selborne«. Whites Leser haben mit Verspätung erkannt, welch weites Betätigungs- und Forschungsfeld, aber auch wie viel Schönheit und Frieden dieser unscheinbare Mann (von dem offenbar kein Porträt erhalten ist) innerhalb der Grenzen seines kleinen Heimatdorfes gefunden hat. White wurde 72 Jahre alt. Dass dieser grobe Abriss seines Lebens sehr viel auslässt, muss ich wohl nicht sonderlich betonen.

Er lässt unter anderem das Spannungsverhältnis zwischen dem, was White sich von seinem Leben erwünscht haben mag, und dem, was es ihm gegeben hat, unerwähnt.

Ein Beispiel aus einem größeren Zusammenhang kann das illustrieren: Anders als sein Großvater wurde Gilbert nie Vikar von Selborne. Das ging nicht. Aus Gründen, die einem Neunzehnjährigen offensichtlich plausibel erschienen, hatte er in Oxford nämlich das falsche College besucht: Gilbert war ein Oriel-Absolvent. Das Vikariat in Selborne aber war aufgrund althergebrachter Vorschriften Abgängern des Magdalen-College vorbehalten. Vom Vikarsamt somit ausgeschlossen, wurde Gilbert schließlich Kurat statt Vikar von Selborne. Und das machte einen Unterschied, der nichts mit Wortklauberei zu tun hat. Zu Zeiten von White war ein Kurat in der Hierarchie der anglikanischen Kirche nicht mehr als eine Hilfskraft, die als stellvertretender Pfarrer Dienst tat. Kuraten erhielten oft, ähnlich wie Lehrbeauftragte an modernen Universitäten, schlecht bezahlte Kurzzeitverträge. Ein Vikar war eine fest angestellte Amtsperson, ein Kurat ein liturgischer Gehilfe, der dem Vikar zuarbeitete. Selbst der Posten des Kuraten von Selborne wurde White erst in seinen späten Lebensjahren angetragen.

Während er in seiner Lebensmitte stand, wohnte White zwar in seinem Heimatdorf, diente aber zumeist in der einen oder anderen kleinen Nachbargemeinde, die er zu Pferde erreichte, als Kurat. Alte Freunde redeten ihm jahrzehntelang zu: Gil, du lahmer Esel, du brauchst dir nur einen kleinen Ruck zu geben, dann bekommst du anderswo eine solide Stelle als Vikar. Doch er wollte sich keinen Ruck geben. Als er noch jünger und schwungvoller war, da hatte er sich um eine gute Oriel-Stelle bemüht und eine Absage einstecken müssen. Er wollte es nicht mehr versuchen. Er kam mit seinem Geld über die Runden. Selborne war ihm vertraut, war sicher und war sein Zuhause. Er liebte die Wälder und Wiesen. Falls er höhere Ambitionen besaß, so bedeuteten sie ihm weniger als seine Verbundenheit mit der heimatlichen Scholle.

Ein weiteres Beispiel: 1763, als Gilbert ein 42-jähriger Junggeselle und noch voller Saft und Kraft war, fielen drei junge Schwestern für die Sommerferien bei ihm in Selborne ein und brachten köstliche Abwechslung in seinen Alltag. Anne, Philadelphia und Catharine Battie hießen die drei. Sie waren um die zwanzig und (wie Richard

Mabey in seiner hervorragenden White-Biografie, der ich das Gros
der hier erwähnten Lebensdaten verdanke, amüsant berichtet)
»reich, flatterhaft und attraktiv. Sie wirbelten zwei Monate durch das
Dorf und machten nachhaltigen Eindruck« auf ihren Gastgeber. Es
gab Bälle und Picknicks und allerhand anderen koketten Zeitver-
treib. Es war Catharine, mit der Gilbert liebäugelte. Sie schien allerdings eher ein Auge auf Harry, Gilberts weit jüngeren Bruder, geworfen zu haben. Schließlich war Gilbert ein Mann mittleren Alters
ohne besondere Qualitäten, ein Junggeselle, der seine besten Jahre
hinter sich hatte und nicht einmal Vikar war, sondern nur Kurat.
Diese Sommerepisode war purer Spaß, kein Ernst – allem Anschein
nach jedenfalls nicht für die Battie-Schwestern. Die drei verließen
Selborne im August. Am 1. November schrieb Gilbert ein Gedicht
voll herbstlich-wehmütiger Symbolik, das er den »Miss Batties« wid-
mete:

> Kommt zurück, ihr muntren Maiden, und bringt heran,
> Ungebändigte Laune und den Zauber von Gesang,
> Ein schlagendes Herz und wohliges Behagen,
> Unbeschreibliche Anmut und die Kunst, der Trübsal zu entsagen.

Aber sie kehrten nie wieder zurück.

Und ein letztes Beispiel: 1768 schickte White (auf indirektem Wege
über einen gemeinsamen Freund) Joseph Banks eine Einladung –
jenem gefeierten, wohlhabenden jungen Naturforscher, der im
Begriff war, mit dem Entdecker James Cook auf Weltreise zu gehen.
Ob Herr Banks und der gemeinsame Freund vielleicht Interesse hätten, ihn, Gilbert White, in Selborne zu besuchen? Würde Banks ihm
diese Ehre erweisen, versprach White, »wird er feststellen, wie viele
seltsame Pflanzen mir in meinem eigenen Land bekannt sind.« Das
muss etwas jämmerlich geklungen haben. Nachdem er kein Echo
empfangen hatte, schrieb White direkt an Banks. Würde er auf den
Besuch von Banks und anderen viel beschäftigten Kollegen verzichten müssen, klagte er in dem höflichen, aber betrübten Brief, »muss
ich mich weiterhin allein abmühen, mit wenigen Büchern und keiner Menschenseele, mit der ich über meine Zweifel und Entdeckungen sprechen kann«. Joseph Banks segelte mit der *Endeavour* auf und
davon. Er sollte Tierra del Fuego und Tahiti und Neuseeland und

Australien (wo er unter anderem Kängurus »entdeckte«) einen Besuch abstatten, nicht jedoch Selborne.

Gilbert White war ein Mann mit Bodenhaftung in einem Zeitalter, in dem bedeutende Naturwissenschaftler große Expeditionen unternahmen. Und er war sich dessen durchaus bewusst. Reisen in die Ferne, das Aufzeichnen von exotischen Beobachtungen und Sammeln von Proben, dies schien unentbehrlich, wollte man es zu etwas bringen. Linnaeus hatte sich nach Lappland vorgewagt und Banks Feldforschung in Neufundland und Labrador betrieben, ehe er mit Cook in See stach. Pehr Osbeck segelte nach China. Johann Gmelin stieß nach Sibirien und Carl Peter Thunberg in das kaiserliche Japan vor, um schließlich seine *Flora Japonica* herauszugeben. Später sollten Darwin und Huxley und Hooker bedeutende Forschungsreisen unternehmen. Henry Bates sollte im Amazonasgebiet aufschlussreiche Materialien und Erkenntnisse sammeln und Alfred Russel Wallace acht Jahre lang den Malaiischen Archipel bereisen.

Gilbert White hingegen reiste umso weniger, je älter er wurde und je mehr sein Leben in geordneten Bahnen verlief. Selbst die vertrauten Straßen Südenglands wurden ihm zu beschwerlich. Nach eigenem Bekunden litt er entsetzlich unter Reiseübelkeit. Aber wir sollten nicht meinen, dass er je vergaß, was ihm in seinem Leben fehlte.

Ich will nicht sagen, dass diese Entbehrungen – der Verzicht auf ein Vikariat, auf die Liebe der Catharine Battie, auf die beflügelnde Gesellschaft von Joseph Banks und anderen Naturforschern, auf die Chance, selbst an einer großen Expedition teilzunehmen – die vier entscheidenden Faktoren in Whites Leben darstellen. Ich vermute vielmehr, dass sie repräsentativ sind für den Verzicht, den er insgesamt leistete.

Schwalben und ähnliche Vögel wie Hausschwalbe und Mauersegler ernähren sich von Insekten, die sie im Flug erbeuten. Ihre erstaunlichen Flugkünste sind Vorbedingung dieser Ernährungsweise. Sie gleiten, sie schießen, sie stürzen und taumeln durch die Lüfte, um sich Häppchen von Mücken und Käfern einzuverleiben. Als besonders bequeme Kost bieten sich diesen Vögeln in Wassernähe lebende Insekten wie die Eintags- und Köcherfliege an, die in Gewässern aus Larven heranwachsen und schlüpfen, um dann aufzusteigen, oft in dichten Schwärmen der einen oder anderen Art, die wie dunkle

Nebelschwaden über der Wasseroberfläche hängen. Aus diesem Grund sammeln diese Vögel sich gern an Flüssen und Teichen. Auch zieht es sie in Dörfer und Städtchen, in denen von Menschenhand errichtete Gebäude mit überhängenden Dächern und Sparrenwerk sich ihnen als gute Nistplätze anbieten. Wenn aber in einem Gebiet die Populationsdichte der Insekten zu gering ist oder sie zu einer bestimmten Jahreszeit nicht schlüpfen, dann fehlt den Rauchschwalben und Mehlschwalben und Mauerseglern die Nahrung und damit die für ihre Flugkünste nötige Energie. Sie können an diesem Ort nicht überleben. Also ziehen sie fort.

Diese Vögel sind also nicht nur anmutig, sie sind auch hungrig. Sie verlassen die nördlichen Breiten und legen weite Strecken zurück, um an warmen Orten zu überwintern, an denen sie genügend Insekten vorfinden. Schwalben aus Sibirien ziehen nach Sumatra. Schwalben aus Kanada begeben sich nach Südamerika. Schwalben aus Europa überqueren das Mittelmeer und die Sahara. Zwar ist es schwierig, die Flugrouten der einzelnen Bestände exakt zu verfolgen, doch nach modernen Beobachtungen beringter Vögel verbringt die englische Population der *Hirundo rustica*, der Rauchschwalbe, Weihnachten vermutlich in Südafrika.

Gilbert White beringte die gefiederten Bewohner von Selborne nicht. Manchmal schoss er einen ab und sezierte ihn. Er spähte in ihre Nester. Meist beobachtete er sie – scharf, aber liebevoll – aus respektvoller Distanz. In *The Natural History of Selborne* schreibt er: »Die *Hirundinidae* sind eine äußerst gutmütige, unschädliche, unterhaltsame, gesellige und nützliche Gattung: Sie gehen nicht an die Früchte in unseren Gärten, sie halten sich mit Ausnahme einer Art gern in der Nähe unserer Häuser auf, sie unterhalten uns durch ihre Wanderzüge, ihren Gesang und ihre ungewöhnliche Behendigkeit, und sie befreien unsere Abwässer von lästigen Mücken und anderen unliebsamen Insekten.«

Glaubte er also *doch*, dass Schwalben Zugvögel sind – eine unterhaltsame Eigenschaft, die Erwähnung verdient – und nicht Winterschlaf halten? Ja und nein. An einer anderen Stelle seines Buches kommt Whites Unentschlossenheit zum Ausdruck. Dort sagt er, »dass, obgleich die meisten Schwalbenarten fortziehen mögen, einige im Winter tatsächlich hier bleiben und sich wie wir zurückziehen«. Joseph Banks war fortgereist zu fernen Orten, die White niemals zu

Gesicht bekommen würde, die Battie-Schwestern waren davonge-
gangen, so viele andere waren gegangen und hatten ihn zurückgelas-
sen – darunter jeden Herbst die meisten, wenngleich nicht alle in
England heimischen Schwalben. Und möglicherweise hielten sich
einige von ihnen im Verborgenen in Selborne auf, als wollten sie die
winterliche Einsamkeit eines armen, allein stehenden Kuraten lindern.

Vielleicht, malte er sich aus, »begeben sie sich wie Insekten und
Fledermäuse in einen Ruhezustand und verschlafen die ungemütli-
cheren Monate, bis die wiederkehrende Sonne und schönes Wetter
sie wecken«. Wo genau schlüpften sie unter? Nicht in ihren alten
Nestern, das hatte er überprüft. Er entsann sich der merkwürdigen
Vorliebe, die sie anscheinend für Flüsse und Teiche besaßen, und
dies schürte in ihm den »starken Verdacht, dass sich Hausschwalben
auf irgendeine Weise, die nichts mit der Nahrungssuche zu tun hat,
zum Wasser hingezogen fühlen; und selbst wenn sie sich nicht in dieses Element zurückziehen sollten, so verstecken sie sich während der
unangenehmen Wintermonate womöglich doch an den Ufern von
Teichen und Flüssen«.

Wo waren die Dezemberschwalben? Er war so aufrichtig, dass er
keine abschließende Antwort gab.

Sein Buch erschien 1789. Er starb 1793, in seinem Haus in Selborne. Der Tod ereilte ihn im Juni, und so dürfen wir davon ausgehen,
dass die Schwalben aus Afrika zurückgekehrt waren und vor seinem
Fenster nisteten.

Gilbert Whites Renommee beruht unter anderem darauf, dass er ein
außergewöhnlich aufmerksamer Beobachter war, ein gewissenhafter
Empiriker, der sich auf seine eigenen Augen und Ohren verließ und
nicht auf theoretische Vorurteile und Anekdoten aus zweiter Hand.
An den Winterschlaf von Schwalben zu glauben, war ein für ihn
untypischer Lapsus. Ich denke, dass tiefere Gründe White an dieser
Vorstellung festhalten ließen. Diese Gründe haben freilich nichts mit
den Umweltbedingungen und Verhaltensweisen der *Hirundo rustica*
zu tun, sondern mit der Natur der menschlichen Seele: Eine Schwal-
be, die unter Wasser Winterschlaf hält, ist jenes Geschöpf, das wir
Sehnsucht nennen.

Liebe in Zeiten wirtschaftlicher Rationalität

ELLIOT PERLMAN

Ein mutiger Mann, das lässt traditionell unwillkürlich an kühne Überfälle schwer bewaffneter Militärposten, Zweikämpfe mit wilden Bestien oder Schlachten auf hoher See denken. Kugeln, Klauen, Tod und Teufel nicht zu fürchten, ist sicher mutig. Aber meist ist es auch eine Sache, die binnen weniger Minuten vorbei ist.

Es gibt eine andere Art von Mut, den Mut zur Ausdauer. Oft hängt das Leben anderer Menschen nicht von einer heldenhaften Blitzaktion ab, sondern davon, dass man durchhält, Tag für Tag durchhält und nicht aufgibt. Diese Art von Mut wird nur selten anerkannt, und ist doch – halten Sie die Augen auf – überall um Sie herum anzutreffen. Man findet sie bei Männern und Frauen gleichermaßen, und sie ist wahrscheinlich die lauterste und herausforderndste Form von Heldentum, die es gibt.

Wir sitzen im Vorraum eines kleinen Hauses am Ende einer kleinen Straße. Es ist ein Haus, das Frank mehr schätzt, als die meisten von uns ihre Häuser schätzen. Es gehört ihm nicht, aber ihm hat einmal ein Haus gehört. Innen ist das Haus von einer extremen Schlichtheit, von der ein nahezu perverser Glanz ausgeht. Es riecht schwach nach Reinigungsmitteln. Der Raum ist spärlich möbliert. Alles glänzt, selbst der Teppich, der so dünn ist wie Franks Haar. Frank schätzt das Haus nicht nur, weil er so lange darauf gewartet hat, dass man es ihm zuteilt, sondern auch weil er glaubt, dass es seinen Kindern wenigstens den Anschein von Normalität vermittelt. Es ist seine Sorge um ihr Wohlergehen, die ihn trotz allem, was ihm widerfahren ist, weitermachen lässt.

Wenn wir an Mut denken, dann denken wir gewöhnlich an selbstlose Taten angesichts höchster Gefahr, an Helden in Kriegszeiten oder im Angesicht verheerender Naturkatastrophen. Aktionen, die diese Art von Mut erfordern, sind meist ungeplant, impulsiv und nicht von Dauer.

Aber es gibt noch eine andere Art von Mut, jenen Mut, der manchen Menschen für längere Zeit abverlangt wird. Dieser Mut erfordert eine dauerhafte, keine punktuelle Anstrengung. Diese Art von Mut wird nicht so leicht erkannt und daher meist nicht mit Medaillen ausgezeichnet. Weniger mörderisch sind die Situationen, die diesen Mut erfordern, deshalb nicht; vielmehr lassen sie ihn sehr langsam sterben. Es ist diese Form von Mut, die in den 1990er-Jahren immer mehr Männer an den Tag legen müssen. Dieser Mut ist es, den Frank beweist.

Falls irgendetwas für dieses Jahrzehnt bezeichnend ist, dann das überwältigende Gefühl der Unsicherheit – besonders hinsichtlich des Arbeitsplatzes –, das den Menschen zusetzt. Für dieses Gefühl gibt es sehr gute Gründe. In Australien sind insgesamt zweieinhalb Millionen Menschen offiziell oder (weil sie die Suche nach einer Arbeitsstelle aufgegeben haben oder sich mit Teil- statt Vollzeitjobs begnügen) verdeckt von Arbeitslosigkeit betroffen.

Ist dies charakteristisch für die 1990er-Jahre? In den 1930er-Jahren war jeder dritte bis vierte Australier im arbeitsfähigen Alter arbeitslos. Allerdings gab es in den Dreißigerjahren, so sehr sich die Lage auch zuspitzte, niemand etwas anderes vor. Jeder gestand die Not ein, laut und deutlich. In den 1990er-Jahren sprechen Regierungen und

110

x-beliebige Statistiken auf den Wirtschaftsseiten der Zeitungen laut und selbstgewiss von ökonomischem Wachstum und Erfolg, während die Menschen hinter verschlossenen Türen still und leise ihr Kreuz voller Sorgen und Entbehrungen tragen. Das ist es, wodurch sich die Neunzigerjahre auszeichnen. Das Leid wird öffentlich ignoriert, aber es lastet schwer auf den Herzen der Männer und Frauen in den beunruhigten Vororten der Großstädte, in den betroffenen Landgemeinden, in den zum Untergang verurteilten Fabriken, in den schicken Büros mit ihrer kanalisierten Angst und in den übervölkerten Krisenregionen der Erde, wo den Menschen das Wasser bis zum Halse steht.

Von Männern wird erwartet, sich selbst, ihre Partnerinnen und ihre Kinder zu versorgen. Dies ist ein derart starker gesellschaftlicher Imperativ, dass die meisten Männer die Versorgerrolle verinnerlichen als Maßstab, an dem sie ihren persönlichen Wert messen. Wo kein Krieg zu führen ist, stellt die materielle Versorgung geradezu die Conditio sine qua non des Mannseins dar. Wie hat ein Mann heute zu sein? Was geschieht mit einem Mann, der in den Neunzigerjahren nach Sicherheit, Liebe, Familienleben und Selbstwertgefühl strebt – Dinge, die den Männern früherer Generationen als selbstverständlich galten? Welche Art von Mut braucht er dafür?

Frank besitzt zwei Kinder. Hätte er sie nicht, würde er nicht leben wollen. Er ist 42 Jahre alt.

Er diente sechs Jahre bei der Marine, von der er Abschied nahm, nachdem er dort zum Heizer und Monteur ausgebildet worden war. Er kaufte ein Haus und arbeitete an einer technischen Fachschule. Um in Form zu bleiben, besuchte er ein Fitness-Studio. Dort traf er Marie.

Sie heirateten, als er 28 und sie 21 Jahre alt war. Marie wurde in den Flitterwochen schwanger. Da sie ein Kind erwarteten, brauchten sie mehr Geld. Frank entschloss sich, Nachtschichten in einer Ölraffinerie zu fahren. Das war Ende der 1980er-Jahre. Er verdiente 45.000 Dollar im Jahr. Jason war ein schwieriges Baby. Er schlief sehr wenig und schrie viel. Marie kam nicht gut damit zurecht. Eines Morgens fand Frank Marie bei seiner Heimkehr ganz verzweifelt vor. Es war noch dunkel, sie trug ihr Nachthemd und war in Tränen aufgelöst. Sie gestand, das Kind geschlagen zu haben. Die beiden waren seit elf Monaten verheiratet.

Als anderthalb Jahre später Alice geboren wurde, schien sich Marie in ihrer Mutterrolle wohler zu fühlen. Frank dachte, sie hätten das Schlimmste hinter sich. Er arbeitete immer noch in der Raffinerie. Einigen seiner Kollegen war bereits gekündigt worden. Um diese Zeit begann er, in der Kirche Trost zu suchen. Zunächst ging er nur unregelmäßig hin. Marie blieb dann zu Hause oder ging allein aus. Kurze Zeit später verlor auch Frank seinen Arbeitsplatz. Danach ging er regelmäßig zur Kirche.

Frank sah sich nach einer anderen Stelle um. Es gab keine. Da das Geld knapp und Frank tagsüber zu Hause war, hatte das Paar zunehmend Streit. Als er Marie gestand, dass sie ungeachtet seiner Liebe zu ihr in ernsthaften Schwierigkeiten steckten, da hatte sich Marie bereits mit anderen Männern eingelassen. Drei Tage später verließ sie ihn. Sie wollte nur ihre Kleidung mitnehmen. Er versuchte, Marie zur Rückkehr zu bewegen, doch es fruchtete nichts: Sie hatte weder an ihm noch an den Kindern Interesse. Eine Zeit lang trank er mehr, als ihm gut tat, und ging wahllos mit Frauen ins Bett. Er war völlig am Ende.

Er erkannte, dass er den Kindern zuliebe sein Leben in den Griff bekommen musste. Das bedeutete, dass er seinen Alkoholkonsum einschränken und eine Arbeitsstelle finden musste, die ihm ermöglichte, mit Jason und Alice zusammen zu sein: »Ich möchte, dass sie ein normales Leben führen. Ich sage ihnen jeden Tag, dass ich sie liebe.«

Er beschloss, eine Milchbar zu kaufen. Nach der Befragung eines Immobilienmaklers hatte er ausgerechnet, dass der Erlös aus dem Verkauf seines Hauses reichen würde, um die Milchbar zu betreiben und die Tilgungsraten des Einrichtungskredits zu zahlen.

Doch Frank erhielt für sein Haus weniger als er erwartet hatte; als er mit den Kindern in die Milchbar umzog, da war er bereits abgebrannt. Seine einzige Hoffnung waren die Angestellten der großen Hemdenfabrik gegenüber, die an fünf Tagen der Woche mittags in die Bar strömten. Drei Monate nach Franks Übernahme der Milchbar schloss die Hemdenfabrik; um es mit den Billigimporten aus Niedriglohnländern aufnehmen zu können, verlagerte sie ihre Produktion ins Ausland. Das war Franks Untergang. Gestern, einen Tag, bevor ich diese Zeilen zu schreiben begann, meldete er Konkurs an.

Er lebt mit seinen Kindern in einem kleinen Haus am Ende einer kleinen Straße. Das Haus gehört einer Wohlfahrtsorganisation. Es gibt kein Telefon. Er kann keine Kleidung kaufen. Wenn er sich nicht um die Kinder kümmert, ist er auf Suche nach einer Arbeitsstelle, die ihm genügend Zeit für die Kinder lässt. Aber es gibt keine Arbeit für ihn. Er lebt von Sozialhilfe und der Unterstützung der besagten Wohlfahrtsorganisation (deren Finanzierung zurzeit gefährdet ist). Nachdem sie lange Zeit in Heimen gewohnt haben, ist Frank über das Haus sehr froh. Seine Kinder sollen wissen, dass sie geliebt werden. Das ist das Einzige, was er will, sagt er. Jeden Morgen, wenn er aufwacht, vergewissert er sich, ob das alles immer noch wahr ist. Dann steht er auf.

Wenn Mut jene Charaktereigenschaft meint, die darin besteht, dass ein Mensch trotz Angst oder mangelnder Zuversicht nicht aufgibt, dann dürfte er in den 1990er-Jahren in männlichen Kreisen verbreiteter sein, als er es in den vergangenen fünfzig Jahren jemals gewesen ist. Käme Frank Ihnen auf der Straße entgegen, würde Ihnen nichts Besonderes an ihm auffallen. Träfen sich Ihre Blicke, würde er Ihnen bestimmt in die Augen sehen und einen guten Tag wünschen. Er hätte wahrscheinlich seine Kinder bei sich. Er sieht weder wie ein Opfer noch wie ein Held aus. Er sieht ziemlich genau so aus wie der nächstbeste Mann in Ihrer Umgebung.

Die Wirtschaft sagt

MICHAEL LEUNIG

Seit Jahren schon diskutiert man bei uns in Australien über eine neue Flagge, die das nationale Selbstverständnis treffend widerspiegelt. Für mich liegt das Symbol des modernen Australien auf der Hand: Angesichts der politischen Prioritäten und der Kräfte, die unsere Nation prägen, plädiere ich für ein großes schwarzes Dollarzeichen auf weißem Grund. Die weiße Farbe soll Sinnbild der Kapitulation sein.

Michael Leunig scheint ähnlich zu denken ...

Die Wirtschaft sagt:
„Schließt das Krankenhaus!"

Die Wirtschaft sagt:
„Holzt den Wald ab!"

Die Wirtschaft sagt:
„Macht aus dem Park
eine Rennbahn!"

Die Wirtschaft sagt:
„Führt die Autobahn
durch den Schulhof!"

Die Wirtschaft sagt:
„Ihr habt Angst vor mir...
ich hab euch alle dressiert
...ihr tut, was ich will...
nichts ist stärker als ich.
niemand nimmt es mit m
auf... ihr seid alle mein
Sklaven... ihr geht für
mich ins Rennen..."

Und dann sagt die Wirtschaft: „Ihr könnt mich mal, ihr und
eure Werte und eure Gefühle, IHR KÖNNT MICH MAL!"

115

Wenn Frauen Jungen unterrichten

NANCY LERNER

Millionen von Jungen werden heute von weiblichen Lehrkräften unterrichtet. Obwohl die Beziehung zwischen Schüler und Lehrerin von entscheidender Bedeutung ist, hat man sie im Hinblick auf die Dynamik, die vom Gegensatz der Geschlechter ausgeht, noch wenig untersucht.

Nach jüngeren, nicht veröffentlichten Studien von Peter Downes (Cambridge) hängt die gute Beziehung eines Jungen zu einem Lehrer bzw. einer Lehrerin von vier Faktoren ab. Freundlich, aufmerksam, humorvoll und willensstark, so sieht der ideale Lehrer, die ideale Lehrerin aus. Jungen sind gute Schüler nur bei Lehrern und Lehrerinnen, die ihnen Sympathie entgegenbringen.

Nancy Lerner ist eine bekannte amerikanische Pädagogin, die mit viel Scharfsinn und Begeisterung über den Schulalltag schreibt. Die Entdeckung, dass sie gern Jungen unterrichtet, machte sie zu einem späten Zeitpunkt ihrer beruflichen Laufbahn. Wie es dazu kam, das erzählt sie im folgenden Beitrag.

An einem Nachmittag im Mai 1994 wartete ich in Washington D.C. auf der Mall, der Parkanlage vor dem Luft- und Raumfahrtmuseum, auf eine Gruppe von Schülern. Im letzten Schuljahr meines Daseins als Lehrerin hatte ich mich auf etwas eingelassen, was ich »nie und nimmer« hatte tun wollen: Ich unternahm mit einer Gruppe von männlichen Jugendlichen eine Studienfahrt. Nun wartete ich also draußen. Männer in orangefarbenen Gewändern spielten Tamburin und sangen dazu »Hare Krischna«. Auf dem Rasen lagerten Mütter, im Schoß kleine Kinder, die sie mit Eiskrem fütterten. Die Sonne schien, und ich hätte den Augenblick ganz einfach genießen können, hätte ich nicht den unwiderstehlichen Drang verspürt, zu einer Telefonzelle zu hasten und meinem Mann in Cleveland eine wichtige Frage zu stellen:

»Allan«, japste ich, als er sich meldete, »wenn es einer 55 Jahre alten Frau großen Spaß macht, mit 15-jährigen Jungen zusammen zu sein, stimmt dann etwas nicht mit ihr?«

Es war eine rhetorische Frage. Mein Mann begriff, worum es ging. Ich hatte lediglich meine Freude ausdrücken müssen …

Gleichwohl lauerte hinter meinen Worten eine unausgesprochene Frage. Nicht zum ersten Mal staunte ich, wie viel Spaß es mir machte, an dieser Jungenschule zu unterrichten. Die Frage, die sich mir nun auf die Lippen drängte, lautete: *Warum?* … Meine liberale Grundhaltung diktierte mir, von Privatschulen im Allgemeinen und reinen Jungenschulen im Besonderen nichts zu halten. Und als ich nicht nur an einer privaten Jungenschule unterrichtete, sondern das auch noch besser fand, als all meine anderen Lehrerfahrungen, kam ich nicht umhin zu fragen: *Warum?*

Diese *Geständnisse*[1] stellen den Versuch dar, darauf eine Antwort zu geben … Haben reine Jungenschulen Seiten an sich, die Frauen wider Erwarten als positiv empfinden? Lernen darf das weibliche Geschlecht an diesen Schulen nicht. Ist es dann nicht ein Widerspruch, dass es an ihnen lehren darf? Oder sind Lehrerinnen gerade wegen der Abwesenheit von Mädchen von ganz besonderem Nutzen? Falls ja, gibt es einen Typ von Frau, der für den Unterricht an reinen Jungenschulen geeignet ist? Diese Fragen und meine Suche nach den Antworten durchziehen meine Schilderung der fünf Jahre, die ich als Lehrerin an einer Jungenschule verbracht habe.

Ich war nicht auf Stellensuche an dem Tag, an dem ich die University School besuchte, einen Jungenschule in Hunting Valley, Ohio. Ich hatte eine sichere Anstellung in einer ausgezeichneten gemischten Schule. Ich liebte meine Schüler. Hätte ich mich verändern wollen, so hätte ich Jungenschulen nicht ins Auge gefasst. Was mich anlockte, war der Enthusiasmus einer Lehrerin, die ich uneingeschränkt bewunderte. Diese Lehrerin war meine Freundin Ann Behrman, die eine Mädchenschule verlassen hatte, um an dieser Jungenschule die Leitung des Fachbereichs Englisch zu übernehmen.

Ich nahm ihre Einladung an. Als ich durch das Eingangstor schritt, schlug mir Geruch von männlichem Schweiß entgegen. *Hier könnte ich nie unterrichten,* dachte ich. *Es riecht wie in einem Umkleideraum!* Oben in der Englischabteilung jedoch wurde aus meinem *nie* ein *wahrscheinlich.* Es waren nicht die Jungen, die mich damals faszinierten, sondern die Männer, die sie unterrichteten … Die Lehrer tauschten Ideen, Unterlagen und Gefühle aus, sie wollten über ihren Unterricht reden. Als ich mit ihnen über Literaturtheorie sprach, merkte ich, wie sehr ich mich nach einer solchen Zusammenarbeit gesehnt hatte. Ich hatte Bedenken, ausschließlich Jungen zu unterrichten, aber ich unterdrückte sie, weil ich dieser Englischabteilung angehören wollte.

Was ich unterdrückt hatte, brach mit aller Macht heraus, als ich mich meiner ersten Jungenklasse gegenübersah. An beiden Schulen, an denen ich tätig gewesen war, hatte der Himmel mir die besten und aufgewecktesten Schüler beschert. Nun hatte ich es mit »normalen« Englischschülern der Oberstufe zu tun… Ich nahm ihre ersten schriftlichen Arbeiten mit einem

Grinsend versicherten mir die Schüler, dass alles noch schlimmer würde, wenn »der wilde Walter« zurückkäme.

flauen Gefühl im Magen entgegen. *Was habe ich mir da bloß angetan?,* stöhnte ich innerlich. Die Schüler bemerkten mein Entsetzen. Grinsend versicherten sie mir, dass alles noch schlimmer würde, wenn »der wilde Walter«[2] zurückkäme.

»Weshalb ist Walter nicht anwesend?«, fragte ich in der Hoffnung, dass dieser unbekannte Schüler den Wechsel auf eine Schule in Alaska vorbereitete.

119

»Er ist gerade auf Drogenentzug«, antworteten sie vergnügt.

Diese Geschichte hat ein Happy End, versteht sich. Ich machte aus diesen jungen Männern zwar keine großen Schriftsteller, aber ich verliebte mich in sie – in die ganze Bande. Jeder Tag im Klassenzimmer war die reinste Freude. In diesem Klassenzimmer knisterte es. Der Raum sprühte vor Energie. Diese jungen Männer gingen mit Esprit, Intelligenz und Humor auf meine Texte ein. Nie musste ich krampfhaft eine Diskussion ankurbeln. Am brillantesten war, versteht sich, der wieder »saubere« Walter, jener Wilde, der Joseph Conrads *Herz der Finsternis* besser verstand als jeder andere mir bekannte Schüler und der seinen Kameraden mehr über das Buch beibrachte, als ich es vermochte. Als ich meine Lehrerfahrungen Revue passieren ließ, fiel mir eine Englischklasse ein, die aus so vielen begabten Jungen und Mädchen bestand, wie ich sie noch nie in einem Raum versammelt gesehen hatte. Mir fiel aber auch ein, dass jene Jungen und Mädchen zwar exzellente Arbeiten schrieben, sich im Unterricht jedoch ungern auf Gespräche einließen; es war mir nicht gelungen, lebhafte Diskussionen zu entfachen. Von einer Theorie, nach der ein Zusammenhang zwischen weniger begabten Schülern und besonders angeregten Diskussionen besteht, hatte ich noch nie gehört! Hatte der Elan, der mir hier auffiel, eventuell mit der exklusiven Männergesellschaft zu tun? Und die Zurückhaltung so mancher meiner früheren Schülerinnen und Schüler damit, dass das andere Geschlecht im selben Klassenzimmer saß? Was konnte ich mit dieser Hypothese anfangen?

Wie dem auch sei, wieder und wieder beobachtete ich dasselbe Phänomen. Auch bei den Leistungskursen höherer Klassen im Jahr darauf begegnete es mir. An Schwung fehlte es nie, bei den besten wie den schlechtesten Schülern. Was die aktive Beteiligung am Unterricht angeht, machte ich in fünf Schuljahren eine einzige enttäuschende Erfahrung. Und so assoziierte ich Jungenklassen schließlich mit einem freieren, offeneren Gedankenaustausch.

Aus der Fachliteratur wusste ich, dass Befürworter von Mädchenschulen ähnliche Argumente ins Feld führen. Ich fragte mich, welcher Faktor entscheidender war: die Abwesenheit des anderen Geschlechts oder das Geschlecht der Schüler. Ich hatte nie an einer Mädchenschule unterrichtet und besaß kein Labor für vergleichende Untersuchungen der Geschlechter. Doch ich hatte ein Labor zur Ver-

120

fügung, das mir ermöglichte, mehr über Jungen zu erfahren. Welche Entdeckungen würde ich also zumindest im Hinblick auf das männliche Geschlecht machen können?

In einer Rede brachte Dr. Richard A. Hawley, der Direktor der University School, neulich auf den Punkt, weshalb manche Leute reine Jungenschulen ablehnen. Fürsprecher der Koedukation sind, so seine Worte, der:

> *(meist unausgesprochenen) Auffassung, dass männliche Wesen verderblich sind: dass es in ihrer Natur liegt, Macht an sich zu reißen, dass sie frauenfeindliche Diktatoren sind, dass sie Ärger machen, wenn man zulässt, dass sie unter sich bleiben, ohne den mäßigenden Einfluss des weiblichen Geschlechts.*[3]

Früher hätte ich diesen »Leuten« bestimmt beigepflichtet und hinzugefügt, dass männliche Gemeinschaften nicht nur Ärger machen, sondern dass die »männliche Natur die Hauptursache von Gewalt darstellt«[4]. In seinem Buch *Boys Will Be Men* macht Dr. Richard A. Hawley das »feministische Moment« für derlei negative Männerbilder verantwortlich[5]. Nun, man muss nicht dem Feminismus anhängen, um ähnliche Eindrücke von den Männern zu gewinnen oder zu befürchten, dass reine Jungenschulen ungute männliche Verhaltensweisen fördern – man muss lediglich lesen. Unverdrossen erzählen Bücher über Jungenschulen die immer gleiche Geschichte von der männlichen Rivalität und Aggressivität, vom männlichen Drang des Stärkeren, den Schwächeren zu unterdrücken, von der männlichen Gruppenmentalität, die zu Tyrannentum neigt und Freude am vereinten Schikanieren einsamer Sündenböcke hat. Man muss nur daran denken, dass die Jungen, die in William Goldings Roman *Herr der Fliegen* enthemmt ihren Kameraden Piggy töten, Zöglinge einer englischen Knabenschule sind … Wundert es da, wenn die weibliche Leserschaft Jungenschulen bezichtigt, Brutstätten einer »verderblichen« Männerwelt zu sein?

Ganz bestimmt erwartete ich nicht, dass sich die männlichen Wesen, die ich nun zu unterrichten hatte, unverhohlen brutal und gewalttätig verhalten würden; ich war auf subtilere, raffiniertere Manifestationen dieser Neigung gefasst. Ob ich meinen Auftrag darin sah, die Jungen im Stil von Huckleberry Finns Tante Sally zu zivilisieren? Oder darin, mich als emanzipierte Feministin, wie Richard A. Hawley es beschreibt, als Korrektiv der problematischen Mannesnatur zu betätigen[6]? Nein. Aber ich rechnete damit, dass in meinem neuen Revier ein anderer Ethos gelten würde … [Mein neues Revier] waren die Jungen, mit denen ich im wirklichen Leben zu tun bekam, und von ihnen erfuhr ich andere Geschichten: über Rivalität, über Schikane, über das Entwickeln von Kompetenz und über Identität.

Rivalität oder Kameradschaft?

»Ah, im neuen Schuljahr ist Rich Ihr Schüler«, bemerkte einer meiner Kollegen. »Herzliches Beileid. Ich hatte ihn im zweiten Jahr.«

Ich nenne diesen Schüler Rich, denn er war reich. Der Ruf, ein verzogener, verwöhnter Junge zu sein, eilte ihm voraus. Er fehlte oft in der Schule, wenn seine Familie ihren Landsitz in Aspen aufsuchte. Er war eines jener Kids, die den Materialismus verteufeln, während sie ins Flugzeug steigen. Im zweiten Jahr hatte er die Schule wechseln wollen, weil er meinte, dass man in unserer Schule zu wenig auf ihn einging. Irgendwie blieb er dann doch, und nun war er im letzten Schuljahr und mein Los auf ihn gefallen. Erleichtert stellte ich fest, ihm nichts Schlimmeres vorwerfen zu können als die Tatsache, dass er seine Aufsätze nicht Korrektur las. Richtig lernte ich ihn jedoch erst kennen, als er sich zu meiner Überraschung für eine Studienfahrt zum Holocaust Museum in Washington anmeldete. So wie er ein Kind der »Spaßgeneration« sein mochte, so war dieser Ausflug garantiert kein »Spaß«, und das wusste er.

Von den Schülern, die mit mir diese erste Studienreise unternahmen, schien mir Rich am tiefsten erschüttert. Ich erinnere mich gut, wie er lange Zeit in einem leeren Raum saß, in dem man Tonbändern mit Berichten von Auschwitz-Überlebenden lauschen konnte. Auf dem Rückweg vom Museum zum Hotel gesellte er sich ein wenig verlegen an meine Seite. Offenbar wollte er reden.

»Wissen Sie«, meinte er, »als ich jünger war, hasste ich diese Schule und wollte sie verlassen. Aber jetzt geht's mir ganz anders. Wissen Sie, ich würde alles für die Jungs in meiner Klasse tun. Ich bin reich, ja, aber ich würde alles geben, was ich habe, um einem Klassenkameraden zu helfen.«

»Ich freue mich, dass du hier gute Freunde gefunden hast«, erwiderte ich. »Und ich bin sicher, dass deine Freunde wissen, dass du ihnen helfen würdest.«

»Nicht nur meinen Freunden«, sagte er. »Ich würde jedem aus meiner Klasse helfen. Einfach weil ich die Schule mag und die Jungen.«

Hätte man Rich im ersten oder zweiten Schuljahr gefragt, ob er danach strebe, seines Bruders Hüter zu sein, hätte er vermutlich geantwortet: »Nie und nimmer!« Nun, am Ende seines letzten Schuljahrs, war seine schnöde Ichbezogenheit durch irgendeinen alchimistischen Prozess in pures Gold verwandelt worden. Dasselbe ließ sich von Rob sagen, dem zweiten Jungen, vor dem man mich gewarnt hatte.

»Kein Junge hat mir mehr Ärger gemacht«, sagte mein Kollege, als er sich meinen Unterrichtsplan für die letzte Klasse ansah. »Er ist hochintelligent, aber er hat die Klassengemeinschaft völlig untergraben. Er konnte die gewöhnlichen Sterblichen nicht ertragen. Mit niemandem wollte er zusammenarbeiten. Ständig hat er seine Eltern eingespannt, die sich regelmäßig beschwerten, wir würden ihren Sohn nicht fördern, wie es seiner Begabung entspricht. Er ist ein verdammt arroganter, ehrgeiziger Bengel.«

Na toll, dachte ich. *Wenn er so ehrgeizig ist, dann kommt's in der Klasse zum Kampf der Titanen!* In dieselbe Klasse ging nämlich Daniel Choi, ein wahres Genie aus Hongkong, das erst seit zwei Jahren in unserem Land lebte. Im zweiten Schuljahr war Daniel den anderen so weit voraus, dass man mich gebeten hatte, für ihn einen Einzelkurs auszuarbeiten. Ich fragte Daniel, welche von Shakespeares Dramen er kenne. Seine Antwort werde ich nie vergessen. »Äh«, sagte er, den Blick beschämt zu Boden gerichtet, »*Perikles* habe ich noch nicht gelesen.«

Was wird mir wohl blühen mit den beiden in einer Klasse?, fragte ich mich. *Eine Schießerei wie in dem Film ›Zwei rechnen ab‹, ausgetragen mit akademischen Waffen?*

Es kam zu keinem Duell. Daniel stach Rob in jeder Diskussion aus. Das Schöne war, dass er dabei nicht einmal versuchte, mit Rob zu konkurrieren. Schmal wie ein Handtuch, sprach Daniel mit kaum vernehmbarer Stimme. Seine Bescheidenheit war durch und durch

123

echt. Er war ganz einfach ein unersättlich neugieriger Büchernarr, der das Wort ergriff, weil er sein Wissen dem Thema zuliebe einbringen wollte. Jeder konnte dies sehen und sah es auch. Selbst Rob tat es. Seine Reaktion hätte jeden überrascht, der ihn als jüngeren Schüler kannte. Weder versuchte Rob, Daniel die Schau zu stehlen, noch wiegelte er Freunde gegen diesen zugereisten Einzelgänger auf, noch zog er sich trotzig schweigend zurück. Er gab im Unterricht sein Bestes und gestand gelegentlich mit bedauerndem, aber anerkennendem Lächeln ein, dass er der Zweitbeste war. Nach der Abschlussfeier, bei der Daniel sämtliche Auszeichnungen abgeräumt hatte, hielt ich Ausschau nach Rob.

»Du hast eben viel Fassung bewiesen«, sagte ich. »Ohne Daniel hättest du alle Lorbeeren geerntet.«

»Was Sie nicht sagen«, entgegnete er mit freundlich anerkennendem Bedauern.

Zwischen dem ersten und dem letzten Schuljahr war Rob erwachsen geworden. Damit Sie mich jetzt nicht für eine unverbesserliche Optimistin halten, will ich gern weitere Beweise erbringen. Als Rob im ersten Semester in Yale studierte, begegnete ich seiner älteren Schwester und fragte sie, wie es ihrem Bruder an der Universität gefiele.

»Er ist begeistert«, antwortete sie. »Er sagt, in den Kursen säßen lauter helle Köpfe. Es gefällt ihm total.«

Im Sommer darauf sprach ich mit einer Freundin. Sie war Redakteurin eines Lokalblatts, bei dem Rob in jenem Sommer jobbte. »Wie macht er sich?«, erkundigte ich mich. »Wir mögen ihn alle«, erwiderte sie. »Nicht nur, weil er so gescheit ist. Er hat eine angenehme Art. Es ist schön zu wissen, dass ihr solche Studenten hervorbringt.«

Gemeine Rivalität unter Kameraden … das war es, was mein Männerbild mich hatten erwarten lassen. Selbstverständlich war das Konkurrenzdenken nicht ausgelöscht. Es atmete aus allen Poren der Schule: aus den Sportplätzen, dem System der Sonderauszeichnungen, der Fülle von Kunst-, Mathe- und Rhetorikwettbewerben und den Hochschul-Eignungstests, deren Ergebnisse veröffentlicht wurden. Trotzdem gaben die Schüler nicht selten anderen, höheren ethischen Werten den Vorrang. Zu Tage trat diese Verwandlung häufig im letzten Schuljahr, in der Zeit also, in der die Jungen zu Männern wurden.

Normaler, gutmütiger Spott?

Das ist ein Opfer, wie es im Buche steht, schoss es mir durch den Kopf, kaum dass Zack zum ersten Mal das Klassenzimmer betrat. Zack stotterte. Anfänglich fürchtete ich, er würde sich nicht äußern, und dann fürchtete ich, er würde es tun. Stets auf Herausforderungen gefasst, konnte er sich das Reden nicht verkneifen. Doch gegen sein Stottern schien, so intelligent und gewitzt er war, kein Kraut gewachsen. Jedes Mal, wenn er den Mund auftat, warteten und warteten und warteten wir darauf, dass er die Worte herausbrachte. Und jedes Mal fürchtete ich, er könnte eine mir unbekannte Toleranzgrenze seiner Klassenkameraden überschreiten, ihre Geduld überstrapazieren und Zielscheibe ihres Spotts werden. Ich hatte Angst, ihn weiter reden zu lassen, doch ich hatte noch mehr Angst, ihm das Wort abzuschneiden. In den ersten Unterrichtswochen verkrampfte sich mein Herz, sobald Zack den Mund aufmachte. Doch es wurde nicht gespottet, nie. Sehr viel später, aber noch im selben Jahr, schrie er mir in einem Gespräch unter vier Augen zu: »Sie wissen nicht, wie schlimm es für mich ist. Sie wissen nicht, wie unglücklich ich deswegen schon war.«

Als ich meinen Mund öffnete, um Balsam auf seine Wunden aufzutragen, brachte ich im Gegenteil nur hervor:

> **Als ich meinen Mund öffnete, um Balsam auf seine Wunden aufzutragen, brachte ich im Gegenteil nur hervor: »Nun mach mal halblang!«**

»Nun mach mal halblang! Du hast keinen Grund zum Jammern. Alle hier wissen, wie clever du bist.«

»Okay, okay«, sagte er und gab mit einem Grinsen die Opferhaltung auf, um ernst fortzufahren: »Okay, ich komm damit zurecht. Aber nur bei den Lehrern und den Jungs. Nicht, wenn ich ein Mädchen anrufen will und Angst habe, dass ich nichts herausbringe.«

Hätte sich Zack, dessen Libido so rege war wie sein Verstand, in einer gemischten Schule und damit der täglichen Gegenwart von Mädchen wohler gefühlt? Wohl kaum. Ich glaube, die Anwesenheit

125

von Mädchen hätte ihn eingeschüchtert und verstummen lassen. Auf dieser Jungenschule dagegen hatte er die Zeit, sich zu entwickeln. Hier war er kein Opfer. Hier genoss er Schutz, hier durfte er sich entfalten. Natürlich würde er mit Frauen seines Alters konfrontiert werden, sobald er die Universität besuchte, doch dann würde er vielleicht ein gefestigteres Selbstwertgefühl besitzen.

Trotz all seiner Probleme war Zack unverkennbar vom selben Schlag wie die anderen Jungen. Das galt für Kevin keineswegs. Man war verunsichert, wenn man mit ihm sprach, denn er schielte und schien stets in zwei Richtungen gleichzeitig zu blicken. Kevin kam aus einem Städtchen im Süden von Ohio. Er hatte sein Herz an die Musik gehängt und wollte Komponist werden. Bei einer Familie in Cleveland genoss er Kost und Logis, um die dortige Musikschule besuchen zu können. Er war bestrebt, den Jungen, die unter »Klassik« Werke von Grateful Dead verstanden, die Musik von Arnold Schönberg und Olivier Messiaen nahe zu bringen. *Welch ein Schwachkopf*, stöhnte ich. *Ein besseres Opfer können männliche Jugendliche sich gar nicht wünschen!*

In der ersten Unterrichtswoche stellte ich den Lehrplan vor. Nachdem ich Martin Bernals umstrittene Werk *Black Athena: The Afroasiatic Roots of Classical Civilization* kurz gestreift hatte, erklärte ich, dass wir mit Homer beginnen würden, obwohl die alten Griechen der ägyptischen Kultur manches verdankten. »Wäre uns die Literatur der Ägypter überliefert worden«, erläuterte ich, »würden wir mit ihr den Anfang machen.«

Anderntags brachte Kevin höflich ein Buch mit dem Titel *Die Ägyptische Literatur* mit. So ging es das ganze Jahr weiter. Kevin besaß einen Wissensschatz, der uns alle erstaunte. Als ich einmal Scotty, einem geborenen Anführer, eine Frage stellte, erwiderte er locker: »Ach, diese Antwort überlasse ich lieber Kevin.« Fortan diente *Das überlasse ich Kevin* als Formel, der sich die Schüler bedienten, wenn sie einen Kelch weiterreichen wollten. Besorgt, Kevin könnte deswegen verletzt oder beleidigt sein, fragte ich ihn unter vier Augen, ob ich dem Spiel ein Ende bereiten solle.

»Aber nein«, meinte er. »Ich habe überhaupt kein Problem damit. Ich weiß, dass die Jungen mich mögen.« Das taten sie auf ihre Weise wirklich. Kevin passte nie zu ihnen; das wollte er nie und hielt er nicht für nötig. Dennoch brachten ihm die anderen Respekt und

Sympathie entgegen. Eine Jungenschule hätte ich im Fall des hyper-intellektuellen, nicht im Ansatz machohaften Kevin am allerwenigs-ten empfohlen. Doch ganz im Gegenteil: Hier fand ein Exzentriker wie Kevin weit mehr Verständnis als an den gemischten Schulen, an denen ich unterrichtet hatte … Paradoxerweise bot diese traditio-nelle Umgebung, in der extravagante Frisuren und Kleidung unter-sagt waren, Freiraum für die Entwicklung jedweder Art von indivi-dueller Identität.

Über alles und jedes diskutieren

Studien zufolge besitzen Schülerinnen, die gemischte Schulen besu-chen, »… wenig Vertrauen in ihre Redekunst«[7]; reine Mädchenschu-len seien von Vorteil für Schülerinnen, die »Angst haben, in Gegen-wart des anderen Geschlechts zu versagen«[8]. Nach meiner Erfahrung sind selbst die klügsten Jungen nicht gefeit vor der Angst, in Gegen-wart von Mädchen zu versagen. Das war zum Beispiel der Fall bei Brent, einem exzellenten Schüler, den ich an einer gemischten Schule unterrichtete und der nun als Rhodes-Stipendiat in Oxford studiert. Oft saß er stumm im Unterricht, um mir in dem Augenblick, in dem die Klingel ertönte, eine Frage zu stellen oder einen Einwand vorzu-bringen.

»Brent«, fragte ich, »warum meldest du dich nicht im Unterricht zu Wort, sodass jeder von unserem Gespräch profitieren kann?«

»Ich weiß es nicht«, antwortete er. Ich glaube, ich weiß es: Brent war Mädchen gegenüber entsetzlich schüchtern. Jungen wie Brent sind wahrscheinlich besser an reinen Jungenschulen aufgehoben. Dort geht man im Klassenzimmer anders miteinander um. Selbst-verständlich wurde ich auch an den koedukativen Schulen von den Jungen gefordert, doch selten so direkt, wie ich es an der Jungen-schule erlebt habe. In *Things I Loved in an All-Boys' School* nennt Ann Behrman die Punkte, die ihr als Lehrerin an einer Jungenschule gefallen haben, unter anderem: »Die Unverstelltheit, die ungezwun-gene Ehrlichkeit. War mein Unterricht langweilig, wusste ich es bin-nen 31 Sekunden …«

Ich wusste es ebenfalls. Die Jungen verlangten, dass ich mich allzeit integer verhielt. Stellte ich aus einem nicht sogleich ersichtlichen

Grund eine Aufgabe, hatte ich, wenn ich in ihrer Achtung nicht sinken wollte, eine plausible zu Erklärung liefern. Wich mein Verhalten vom Ideal ab, musste ich gleichfalls Rechenschaft ablegen.

Ich erinnere mich an eine besonders peinliche Stunde und ihre Folgen. Studienberater waren an jenem Tag zu Besuch, und ich wollte, dass die Stars meines Leistungskurses brillierten. Stattdessen gähnten mich schwarze Löcher an. Als Charlie, unser bestes Pferd im Stall, verspätet zum Unterricht erschien, verkündete, dass er müde sei, und seinen Kopf auf den Tisch bettete, da wäre ich vor Scham am liebsten im Boden versunken. Irgendwie zog ich die Stunde durch, was mir nur gelang, indem ich wie auf einer Bühne Theater spielte. Am folgenden Tag nahm ich die Jungen mit dem festen Vorsatz ins Visier, meiner Enttäuschung Luft zu machen. Doch ehe ich den Mund öffnen konnte, gab Mike seiner Enttäuschung Ausdruck: »Sie waren gestern grässlich affektiert. Was sollte der Scheiß?«

Während ich überlegte, ob ich lügen sollte, indem ich den Vorwurf von mir wies, oder die Verwendung des nur allzu treffenden Wortes »Scheiß« rügen sollte, wusste ich: Ich muss bei der Wahrheit bleiben. »Ihr wart so fürchterlich und ich so verlegen. Ich wusste, dass ich eine falsche Show abziehe, aber ich kam nicht dagegen an.«

»Das hab ich mir gedacht«, meinte er, sah sich um und nickte seinen Mitschülern zu, als wollte er sagen: »Ich hab's euch ja gesagt.«

Mädchen wäre meine Unaufrichtigkeit sicher genauso aufgefallen. Aber sie hätten mir nicht dermaßen unverblümt eine Erklärung abverlangt. Vermutlich hätten sie gar keine verlangt, entweder weil sie mehr Rücksicht auf meine Gefühle genommen hätten[9] oder weil Mädchen lernen, dass ihr Schlüssel zum Erfolg darin besteht, Tatkraft und Rücksichtnahme im rechten Lot zu halten[10].

Ist es nun ein negativer Aspekt von Jungenschulen, dass man offener herausgefordert wird? Meines Erachtens nicht. Natürlich provozieren manche Jungen nur, weil sie eine andere Meinung vertreten, ihre Muskeln spielen lassen oder sich streiten wollen. Wie ich im nächsten Abschnitt ausführen werde, können Herausforderungen neuer und/oder unsicherer Lehrer/innen tatsächlich zu dem gehören, was Ann [Behrman] als die »unangenehmeren Seiten« des Verhaltens von Jungen bezeichnet. Ich jedoch verbinde die direkte, ehrliche Herausforderung mit der Art von lehrreicher Auseinandersetzung, die ich am meisten schätze.

Als ich an gemischten Schulen unterrichtete, erhielt ich wie meine Kollegen Briefe von dankbaren Schülern. Von Absolventen einer Jungenschule aber hatte ich keine Dankesbriefe erwartet … Es schrieben mir ehemalige Schüler, zu denen ich meiner Meinung nach keinen Draht gefunden hatte, und es schrieben solche, die zu erfolgreich waren, um Versäumnisse eingestehen zu müssen. Immer wieder kamen die Briefe auf das Thema Motivation zu sprechen. Ein Junge zum Beispiel schrieb: »Als ich Schwierigkeiten hatte … haben Sie mich dazu angehalten, nicht nur ›über die Runden zu kommen‹, sondern selbst den nächsten Schritt zu tun.« Ein Junge, der sich im Unterricht durch spöttisches Grinsen ausgezeichnet hatte, schrieb von der Universität: »Ich danke Ihnen dafür, dass Sie mit mir streng waren und mit mir gekämpft haben. Ich weiß, dass ich nie sehr gut zugehört und mich meistens verweigert habe, aber ich bin froh, dass Sie nicht aufgegeben haben.« Am wenigsten hatte ich folgendes Eingeständnis eines Ex-Schülers erwartet, der die Schule mit einem glänzenden Zeugnis abgeschlossen hatte: »Ich habe mich bei keinem Lehrer mehr aufgespielt als bei Ihnen … Durch Sie lernte ich Werke verstehen, die ich früher bloß gelesen hatte, um anzugeben. Ich denke, es ist gut für mich, Sie wissen zu lassen, wie sehr ich mich verändert habe …«

Es kam mir fast vor, als hätten diese Jungen auf der Highschool in der Hülle ihres einen Selbst gesteckt, während ihnen ein Awatara, eine Verkörperung ihres anderen Selbst, nicht von der Seite wich. Doch entweder bemerkten sie dieses andere Selbst nicht, oder sie konnten es nicht leben. Und dass der Antrieb, in dieses andere Selbst zu schlüpfen, nicht von mir ausgegangen war, das hatten sie noch immer nicht erkannt.

Jungen haben ihre eigenen Identitätsprobleme. Wenn das Selbstbewusstsein von Schülerinnen vom Besuch einer Mädchenschule profitiert, darf man daraus nicht folgern, dass man das Selbstbewusstsein von Jungen stutzen müsse. In der Schule geht es weder um Erwachsene noch um das Verteilen von Macht, sondern um die Entwicklung menschlicher Wesen. Dennoch will man nicht wahrhaben, dass Jungen bedürftig sind. Vielleicht liegt dies an dem landläufigen Vorurteil, dass Männer, selbst wenn sie verunsichert sind, nicht über ihre Probleme zu sprechen vermögen … Tatsächlich konstatieren Gilligan und Phelps in ihrem 1988 veröffentlichten Bericht über die Schüler der (koedukativen, doch als Jungenschule gegründeten)

Middlesex School, dass »die Jungen deutlich seltener als die Mädchen über negative Selbstwertgefühle sprechen«[11].
Als Lehrerin an gemischten Schulen fand ich dieses Bild des männlichen Jugendlichen bestätigt. Als Lehrerin an einer Jungenschule aber fand ich es häufig widerlegt.

Eines Tages erschienen – völlig ungewöhnlich – zwei meiner besten Schüler fünfzehn Minuten zu spät zum Unterricht. »Was ist los?«, fragte ich. Ich sah ihren gesenkten Blick und machte mich bereits auf eine hanebüchene Ausrede gefasst.
Doch die zwei versuchten nicht, den coolen starken Mann zu markieren. »Tut uns Leid«, seufzten sie. »Wir haben [mit der Mädchenschule am Ort] telefoniert. Uns geht's hundeelend. Können Sie uns verraten, weshalb Mädchen so gemein zu uns sind? Am Wochenende haben sie uns sitzen lassen.«
Erstaunt sah ich mich im Raum um, um festzustellen, ob dieses Eingeständnis männlichen Scheiterns Anlass zum Spott gab. Noch erstaunter stellte ich fest, dass viele Jungen wissend und mitfühlend nickten ... Wieder und wieder erlebte ich während dieser fünf Jahre, dass Jungen vor Kameraden zugaben, wie empfindsam sie waren. Selbst intime Details, ob es sich um physische oder emotionale Verletzungen, gestörte Familienverhältnisse oder was auch immer handelte, verschwiegen sie nicht. Manchmal waren ihre Geständnisse so schonungslos offen, dass ich mir wünschte, das Klischee vom gefühlskalten Mann besäße mehr Berechtigung. Einmal konnte mir ein Junge eine Routinefrage zur *Odyssee* nicht beantworten. Das war keine besondere Blamage; er hatte den Stoff einfach nicht gelesen. Doch ehe ich etwas sagen konnte, platzte er heraus: »Ich weiß, ich bin dumm. Ich bin der Dummkopf meiner Familie. Mein Vater sagt mir das ohne Ende.«
Enthüllungen gab es jede Menge bei den Proben für den Redewettbewerb der vorletzten Klasse und bei den Vorträgen, die Schüler der letzten Klasse in der Aula hielten. Sind Jungen heute anders als anno 1988, als Ann [Behrman] an dieser Jungenschule unterrichtete und Gilligan und Phelps ihre Studie veröffentlichten? ... Zwei der bewegendsten Reden, die Schüler in unserer Aula vortrugen, straften den Mythos von der männlichen Reserviertheit gründlich Lügen. Der

eine Redner schilderte seinen Kampf gegen die klinische Depression, der andere sein Leben mit dem Darmleiden Morbus Crohn, wobei er detailliert auf seine Verdauungsbeschwerden einging. Es ist schwer zu sagen, ob es sich bei diesem Phänomen bloß um eine Marotte handelt oder um einen schwer zu zügelnden, aber gesunden Aspekt der männlichen Identitätsentwicklung. Ist es ein gesundes Phänomen, sollten wir uns fragen, ob es überall zu Tage tritt oder ob Jungen ihre Probleme in einer gleichgeschlechtlichen Umgebung besser bewältigen können. Ich habe den Eindruck, als erwarteten Jungen voneinander eher Mitgefühl als Gelegenheit zum Wettkampf.

Es gab weitere Interpretationen, die ich zu bedenken hatte … Schüler hätten ihr gestanden, sagt die Theaterregisseurin und Lehrerin Carol Pribble, dass sie Probleme lieber mit Lehrerinnen besprechen: »Sie halten Frauen für Gesprächspartner, die bereit sind, sich mit ihnen hinzusetzen und ein Problem gründlich zu durchdenken, und Männer für Ratgeber, die eher mit einer schnellen Antwort dienen.«

Diese Feststellung lässt einige Schlussfolgerungen zu: Wenn Jungen unter gewissen Umständen schmerzliche Gefühle ausdrücken, die sie anderfalls eher unterdrücken würden, und wenn sie lieber bei Frauen als bei Männern Hilfe suchen, dann könnte die Rolle von Frauen an Jungenschulen von entscheidender Bedeutung sein. Damit … will ich sagen, dass die Verwaltungen von Jungenschulen die Anstellung von Frauen nicht als etwas abstrakt Positives betrachten sollten oder als Vorschrift einer Aufsichtsbehörde, der es nachzukommen gilt, sondern als einen Schritt, der die ganz realen Bedürfnisse von ganz realen Jungen erfüllen hilft.

Weibliche Lehrkräfte an Jungenschulen

Als Ann Behrman erstmals meinte, dass es mir Spaß machen könnte, an einer Jungenschule zu arbeiten, da wehrte ich sie geradezu feindselig ab: »Weshalb sollte ich an Stelle von jungen Frauen eine Bande von Kerlen unterrichten?«

»Weil sie Frauen brauchen, die sie unterrichten«, erklärte sie, und ich las aus den Worten »sie unterrichten« mehr heraus als das Vermitteln von Literaturkenntnissen … Kaum hatte ich meine Arbeit an der Jungenschule aufgenommen, da konnte ich beobachten, dass es die Jungen … tatsächlich zu den weiblichen Angehörigen des Lehrkörpers und sonstigen Personals zog. Man sah sie in Grüppchen, plaudernd mit der Empfangssekretärin, wartend in einer Reihe vor dem Büro des einzigen weiblichen Dekans, vertieft ins Gespräch mit der Sekretärin der Sportabteilung. Ich war überrascht, wie unbefangen und wohl ich mich fühlte, wenn irgendwelche Jungen um mich »herumlungerten«. Es war offensichtlich, dass sie bei Frauen freundschaftliches Verständnis suchten, jemanden, mit dem sie reden, jemanden, dem sie von ihren Sorgen erzählen konnten.

Um ehrlich zu sein, lungerten sie auch um Männer herum, um den Mathematiklehrer, in dessen Büro man stets zwei bis drei Schüler antraf. Und pausenlos belagerten afroamerikanische Schüler den weißen männlichen Lehrer, der für die Cultural Awareness Society zuständig war, während die Computerfreaks um den Lehrer herumhingen, der Informatik unterrichtete. Sie lungerten um jeden herum, der ihnen aufgeschlossen erschien, von dem sie annahmen, dass er ein Herz für Jugendliche besaß. Eine Kollegin offenbarte mir: »Es haben schon mehrere Jungen in meinen Armen geheult, wenn etwas schief gelaufen ist …« Und ein männlicher Kollege berichtete von einem Jungen, den ich für kühl und beherrscht hielt: »Er hat sich bei mir die Augen ausgeweint.«

Daher kann ich nicht definitiv sagen, dass Jungen sich eher an Frauen als an Männer wenden, wenn sie Hilfe brauchen, oder dass Männer sich weniger gut darauf verstehen, mitfühlendes Verständnis zu zeigen. Doch ich habe den starken Eindruck gewonnen, dass viele Jungen die Anwesenheit erwachsener Frauen wünschten und brauchten; sie brachten Frauen eine Offenheit, Großherzigkeit und Ritterlichkeit entgegen, die von einer rührenden (wenngleich unzeitgemäßen) Bewusstheit der Geschlechterrollen zeugte …

Ein einziges Mal war ich mir ganz sicher, dass meine Weiblichkeit eine kritische Rolle spielte – um festzustellen, dass ich mich täuschte. Ich nahm gerade mit der letzten Klasse Aischylos' *Agamemnon* durch, und dabei untersuchten wir eingehend die sexuelle Symbolik, die den Gegensatz zwischen Agamemnon und Klytämnestra unterstreicht. Nach der Stunde fragte mich Steve, ob es mir etwas ausmachen würde, eine von ihm verfasste Kurzgeschichte zu lesen – eine Geschichte, die nichts mit dem Unterricht zu tun hätte. Das Werk

war rundheraus erotisch, um nicht zu sagen pornografisch. Ich fühlte mich hintergangen, gekränkt und abgestoßen. *Nur weil ich eine*
Frau bin, die über sexuelle Symbolik in der Literatur spricht, meint er,
mir diesen Schund zumuten zu können, dachte ich – bis ich entdeckte,
dass Steve seine Geschichte auch dem Direktor und einem anderen
männlichen Lehrer gegeben hatte. Er sah sich als Schriftsteller und
wollte Meinungen einholen; dass ich als Frau womöglich anders reagieren könnte, hatte er anscheinend nicht in Erwägung gezogen.
Selbst über derartige intime Themen wollten Steve und seine Mit-
schüler scheinbar unbefangen mit weiblichen wie männlichen Lehrkräften diskutieren.

So ungezwungen die Schüler mit Frauen mittleren Alters umgingen, so gespannt konnte die Beziehung sein, wenn der Altersabstand
geringer war.

Jungen, unerfahrenen Lehrern und Lehrerinnen gegenüber konnten
die Schüler sich in der Tat geradezu brutal verhalten. Während meiner fünf Lehrjahre an der Schule kündigten deshalb zwei junge Lehrerinnen. Eine der beiden hatte im Hauptfach Anglistik studiert, wurde
aber aus irgendeinem Grund trotz mangelnder Qualifikation als Bio-
logielehrerin eingestellt. Die andere war eine radikale Feministin, die
meinte, die Jungen ordentlich erziehen zu müssen, und allen Ernstes
gesagt haben soll: »Setzt euch hin, haltet den Mund und sprecht erst,
wenn ich euch dazu auffordere!« Meiner Meinung nach schien es
unseren Schülern grundsätzlich an menschlichem Verständnis für
neue Lehrkräfte zu mangeln. Zugleich aber schienen mir diese Lehrerinnen ungenügend auf den Schulunterricht vorbereitet – während
meine jüngeren männlichen Kollegen meinten, dass unsere Boys
»Chauvis« und miserabel auf die wirkliche Frauenwelt vorbereitet
seien.

Ihre Ansicht schien sich zu bestätigen, als im Jahr darauf drei junge
Referendarinnen zu uns stießen. Zum Glück hatten einige von uns
älteren Lehrerinnen bereits erkannt, dass die jüngeren Kolleginnen
Beistand benötigten.

Wir waren also besser auf Probleme vorbereitet, als die Dekanin uns
mitteilte, dass zwei der jungen Lehrerinnen zu lässig auftraten und
sogar mit den Schülern flirteten. Bei einem Essen im Kolleginnenkreis

gaben wir den »Neuen« Gelegenheit zum offenen Gespräch. Sie machten ihrem Ärger über ein paar Schüler Luft, die sich ihnen gegenüber unziemlich geäußert hatten. »Diese Schule ist ein Männerverein«, klagte die eine. Dass das Benehmen der Schüler ungehörig war, stand außer Frage, aber den jungen Frauen schien nicht bewusst, dass sie es provozierten. Auch schien ihnen nicht klar, dass ihre pädagogische Aufgabe weniger darin bestand, ihrem Ärger freien Lauf zu lassen, als darin, die Schüler zu unterrichten. Erfahrene Lehrer wissen, dass Konfliktsituationen höchst lehrreiche Gelegenheiten darstellen. Doch diese Lehrerinnen besaßen noch keine Erfahrung. Sie hatten die Chance, ihren Schülern etwas über die Frauen von heute beizubringen, aber sie wussten sie nicht zu nutzen. Stattdessen mussten männliche Autoritätspersonen die Jungen in die Schranken weisen.

Diese Erfahrungen legen nahe, dass die Anwesenheit von jüngeren Frauen an Jungenschulen ein heikles Thema ist. In einer rein männlichen Umgebung, in der Schüler nicht von Mädchen abgelenkt werden, haben junge Frauen eine katalytische Wirkung. Heißt dies nun, dass junge Lehrerinnen von Jungenschulen ausgeschlossen werden sollten?

Keineswegs. Ich halte es für äußerst wichtig, dass junge Frauen an Jungenschulen unterrichten, aber es wäre töricht zu glauben, man müsse sie nicht mit besonderer Sorgfalt auswählen. Eine junge Lehrerin, die fachlich kompetent und selbstsicher ist, hat in einem rein männlichen Arbeitsumfeld einzigartige Chancen. Eine meiner Kolleginnen mag als Paradebeispiel dafür dienen.

Jannie Brown wurde zur selben Zeit wie ich eingestellt. Sie war 25 Jahre jung und hatte an der Georgetown University ihren Magister gemacht. Mein Mann lernte sie auf einer Lehrerfeier kennen – um mich danach mit der Frage zu überraschen:

»Man will sie doch nicht wirklich an einer Jungenschule unterrichten lassen, oder?«

»Was willst du damit sagen? Sie ist großartig. Sie wird eine erstklassige Lehrerin.«

»Nancy, hast du sie dir angesehen?«

»Natürlich habe ich das. Sie ist sehr hübsch.«

»Na ja, du hast sie nicht so angesehen, wie die Schüler sie ansehen werden. Du weißt nun mal nicht, wie es ist, ein männlicher Teenager zu sein.«

Damit hatte er Recht. Und er hatte Recht, als er beschrieb, wie die Jungen Jannie ansehen würden. In einem Augenblick wunderbarer Offenheit gestand mir ein Schüler: »Dr. Lerner, wenn Sie gewusst hätten, was sich in unseren Köpfen abspielte, hätten Sie nie wieder ein Wort mit uns gesprochen.«

»Zu eurem Glück weiß ich das nicht«, entgegnete ich. Aber ich fand es heraus. In jenem ersten Jahr erhielt Jannie von den Jungen Briefe, darunter Bekenntnisse voller Liebe, Lust und Leidenschaft. Männliche Kollegen erzählten uns, dass teils sehr ordinäre Loblieder auf Jannie die Wände der Schülertoilette bedeckten. Dennoch war die Erfahrung in mehrfacher Hinsicht positiv.

> »Dr. Lerner, wenn Sie gewusst hätten, was sich in unseren Köpfen abspielte, hätten Sie nie wieder ein Wort mit uns gesprochen.«

Jannies Aufenthalt an der Schule stand in wohltuendem Gegensatz zu den negativen Erfahrungen der oben erwähnten jungen Kolleginnen. Aufgewachsen mit drei Brüdern, konnten sie die Reaktionen heranwachsender Jungen auf Frauen weder kränken noch verwundern. Sie wusste die Distanz zwischen Lehrer und Schüler zu wahren; nahm sich ein Schüler ihr gegenüber Ungehörigkeiten heraus, machte sie ihm, ohne ihn zu verunsichern, klar, dass er zu weit gegangen war. Vor allem war sie eine fähige, begabte Lehrerin. Sie wusste, wovon sie sprach. Ich glaube, es war ihre Kompetenz, von der die Schüler am meisten profitierten. Die Jungen wussten, dass sie in Jannies Englischunterricht Wertvolles lernten.

Sie lernten auch Wertvolles über Frauen. Als Jannie schwanger war, gab sie Unterricht, bis ihr Baby geboren wurde – drei Wochen zu früh, kurz vor den Abschlussprüfungen im Frühjahr. Zu sehen, wie Jannies Körper sich veränderte, Anteil zu nehmen, als sie drei Wochen das Bett hüten musste, um keine Frühgeburt zu riskieren, zu erfahren, wie sie offen über ihre Gefühle sprach, all dies waren wertvolle Lehren. Lehrer wie Lehrerinnen behandeln in der vorletzten Klasse im Englischunterricht *Menschenkind* von Toni Morrison; in einer dramatischen Szene dieses Romans schlägt ein Sklavenbesitzer eine

Schwangere. Jannies Schüler trugen von der Beschäftigung mit diesem Stoff mehr davon, da Jannie, die leibhaftige Verkörperung der Empfindungen einer werdenden Mutter, ihnen eindringlich die weibliche Perspektive nahe brachte. Und für das Leben lernten sie ferner insofern mehr, als Jannie mit ihnen die schwierige Entscheidung erörterte, den von ihr geliebten Beruf aufzugeben, um sich ganz der Mutterrolle zu widmen.

Wollen Jungenschulen jene Kritiker, die ihnen Privilegiensucht, Isolierung von der »wirklichen Welt« und unverbesserliche Frauenfeindlichkeit vorwerfen, zum Schweigen bringen, müssen sie sich selbst fragen, wie Frauen in der Schule wahrgenommen werden. Denn wenn Jungenschulen starke und begabte Lehrkräfte gewinnen wollen, fällt nicht zuletzt die Qualität des Umfelds ins Gewicht.

Was also können ich und die Kolleginnen und Kollegen, deren Überlegungen in diese *Geständnisse* eingeflossen sind, Frauen mit auf den Weg geben? Lehrerinnen mögen gut sein für die Jungen, aber ist eine Jungenschule auch gut für die Frauen, fragen Sie? Ja, denn zum einen gibt sie Frauen Gelegenheit, sich konstruktiv mit den eigenen Männerklischees auseinander zu setzen. Und zum anderen die Chance, das Gefühl der Freude zu erleben, das ich auf jener Studienreise nach Washington empfunden habe. Lassen Sie mich daher zum Ausgangspunkt zurückkehren …

Eigentlich stand dieser Ausflug nicht auf meinem Plan. Da ich aber im Rahmen eines schulweiten Projekts das Holocaust Museum vorzustellen hatte, wollte ich interessierten Schülern einen Besuch der Gedenkstätte ermöglichen. Allerdings glaubte ich nicht, dass einer der Jungen sich an einem Frühlingswochenende Fotos und Hinterlassenschaften aus Konzentrationslagern würde ansehen wollen. Doch es meldeten sich so viele, dass ich zwei Fahrten organisieren musste … Wir kamen an einem Samstagvormittag an und verbrachten einen langen, sichtlich bedrückenden Nachmittag im Museum; nach dem Abendessen hatten die Jungen Ausgang mit der Auflage, sich um Mitternacht im Hotel zurückzumelden, und zwar persönlich bei mir. Schlag Mitternacht klopfte eine Gruppe von vier Schülern an meine Zimmertür, sagte, dass sie zurück sei, und unterhielt sich dann auf dem Gang. Einige sprachen über die Erlebnisse des Tages. Die Jungen sprachen so lange vor meiner Tür, bis ich sie schließlich fragte, ob sie nicht einen Moment hereinkommen wollten, um zu reden.

Ich glaube, sie gingen nicht vor drei Uhr morgens. Sie saßen auf Stühlen und auf dem Boden und redeten über alles und jedes, was nachdenkliche Menschen bewegt: über das Wesen des Bösen, über die Existenz von Gott, über Möglichkeiten und Grenzen des Fortschritts, über ihre Versuche auf dem Gebiet der Prosa und Poesie, über so vieles, dass ich es nicht mehr erinnere. Das Einzige, an das ich mich erinnere, ist die Freude, die ich empfand. Sie waren meine Freunde. Sie waren Vertraute. Sie waren lebendig und sensibel und betroffen. Sie heilten, für die Dauer jenes Erlebnisses zumindest, die Krankheit namens Zynismus, an der meine Seele litt.

Zum Teil aber rührte mein großes Staunen auch daher, dass ich mich einige Male mit Schrecken daran erinnerte, wer ich war und wer sie waren: dass ich vor dem Fernsehzeitalter zur Welt gekommen war, während sie Satellitenbilder auf ihre Computer herunterluden, dass ich keine Ahnung vom Lebensgefühl eines männlichen Jugendlichen in den Neunzigerjahren besaß und vor allem, dass ich eine Frau und sie Männer waren. Trotzdem fühlte ich mich mit ihnen völlig eins …

Erst das bewusste Wahrnehmen von Unterschieden ermöglicht es, sie mit Freude zu überwinden. Und dazu beizutragen, darin besteht der unschätzbare Wert weiblicher Lehrkräfte an Jungenschulen.

20

Am frühen Morgen träumt man nicht süß

BOB ELLIS

Wenn wir unsere Lebensmitte erreichen, rücken Alter und Hinfällig-keit unserer Eltern zunehmend in das Zentrum unserer Aufmerk-samkeit und Anteilnahme. In diesem Text setzt sich Bob Ellis mit der Hilfsbedürftigkeit und Gebrechlichkeit seiner hochbetagten Mutter auseinander. Er tut es nicht ferngesteuert, mit kühlem Kopf, sondern aus dem Bauch heraus, mit viel Gefühl. Man spürt es förmlich, wie er mit sich ringt, während er diese nachdenklichen, gewissenhaften und zutiefst ehrlichen Zeilen zu Papier bringt.

Viele alte Menschen, glaube ich, wären froh, Kinder zu haben, denen ihr Schicksal so zu Herzen geht.

Diese Woche wird meine Mutter Elsie siebenundachtzig. Sie ist wieder daheim, nachdem sie fast drei Monate in verschiedenen Krankenhäusern verbracht hat; eines davon lag weit entfernt von all ihren noch lebenden Freunden (ein paar Straßen weiter hatte allerdings ihre kürzlich verstorbene Freundin Gladys gewohnt). Meine Schwester Kay und ich pflegen sie jetzt. Zu Hause. Und schlafen mit Unterbrechungen wie früher in unseren alten Kinderbetten. Und kämpfen mit schweren Entscheidungen.

Elsies Problem ist nicht ungewöhnlich: unregelmäßiger Blutdruck und, manchmal gegen vier Uhr morgens, Herzjagen. (Jetzt weiß ich, weshalb die meisten alten Leute um vier oder fünf Uhr morgens ganz und gar nicht friedlich im Schlaf sterben. Sie sterben an schlechten Träumen – an einem aufgeregten Herzen, einem Schock, einem jähen, schnellen Gnadenstoß –, denn die Träume, in denen mitunter der Tod auftaucht oder der Teufel, sind grauenhaft aufwühlend.) Diese Dinge setzen ihr zu, dazu kommt die unselige Kombination von Medikamenten, die ihr von überarbeiteten Ärzten verordnet und manchmal von übermüdeten Schwestern in falscher Dosierung verabreicht werden – das jedenfalls, wegen der unterschiedlichen Rezepte, ist unsere Einschätzung. Meine aufmerksame Schwester meint, ihr in der vergangenen Woche mehr als einmal das Leben gerettet zu haben, indem sie die Dosis korrigiert hat.

Es wäre so viel einfacher, wenn sie nur mehr vor sich hin vegetieren würde oder eine Unsinn redende, verwirrte Greisin wäre. Dann könnten wir uns trösten und die Schulmedizin barmherzig walten lassen. Doch ihr Verstand ist klar, ihr Gedächtnis ungetrübt, und ihre Gedanken sind logisch. Sie kann, mit Schwierigkeiten zwar, dank ihrer beiden künstlichen Hüftgelenke und eines Laufgestells gehen.

… sie ist unsere Mutter, und wir wissen nicht, was wir tun sollen.

Aber sie hat Angst, große Angst, vor dem Sterben. Und selbst wenn jemand das Gegenteil behauptet: 87-jährige Menschen, die auf der Sterbestation ihre Auferstehung erleben, gibt es wenige, sehr wenige. Sie haben zu viel gesehen. Sie wissen, wie es passiert. Und Elsie ist seit zehn Jahren nachts allein in einem leeren Haus voller Erinnerungen, und sie kann es nicht länger ertragen.

Und sie ist unsere Mutter, und wir wissen nicht, was wir tun sollen. Ein Pflegeheim kommt aus verschiedenen Gründen, nicht so sehr wegen der Kosten, sondern vor allem wegen der Horrorvorstellung, nachts in einem fremden Zimmer aufzuwachen und das Schreien der verwirrten Alten zu hören, nicht beziehungsweise so gut wie nicht in Betracht. So haben wir nun, wenngleich mit einem unguten Gefühl, keine andere Wahl, als dass Elsie ihre letzten Lebensjahre abwechselnd bei uns verbringt – in Yarrawonga, knapp 1300 Kilometer, und in Sydney, 800 Kilometer von ihren Freunden und vertrauten Orten entfernt. Wir müssten unsere Häuser umbauen, denke ich, müssten Rampen und Haltegriffe einbauen, damit sie umhergehen und nachts aufstehen kann, ohne umzukippen. Diese Entscheidung trifft man bereits, wenn man als Student seine Heimatstadt verlässt und, aus welchem Grund auch immer, beschließt, nicht zurückzukehren. Man trifft sie über die berüchtigte Macht der Entfernung hinweg, die uns von der Liebe und der Heimat trennt. Und von den Schlafzimmern unserer Kindheit, in denen wir öfter hätten nächtigen sollen. Und von den Hinterhöfen, in denen wir sitzen, geruhsam nachdenken und die Ansicht der Stadt genießen sollten.

Vermutlich werden wir es so regeln, dass Nachbarn gegen Bezahlung oder auch kostenlos einmal pro Woche bei ihr übernachten, eine bezahlte Pflegerin oder ein 50-jähriger Student vielleicht zwei Nächte im Haus verbringen und Kay und ihr Mann und ich und meine Frau sowie unsere Kinder und Nichten und Neffen regelmäßig für jeweils ein bis zwei Wochen zu Besuch kommen. Wir werden schon Wege finden, ganz bestimmt werden wir Wege finden, ihr den Alltag zu erleichtern. Wir werden ihr viele Hörbücher beschaffen, denn das Lesen fällt ihr nun schwerer. Und Anschluss ans Satellitenfernsehen, was in Lismore möglich ist und wofür im wahrsten Wortsinn dem Himmel gedankt sei, damit zwanzig Kanäle sie rund um die Uhr wieder in den Schlaf lullen mit alten Spielfilmen, Dokumentationen und *I Love Lucy*. Und sie kann die Freundinnen anrufen, die noch am Leben sind, und sich stundenlang mit tiefem Ernst über all die Kleinigkeiten unterhalten, über die alte Mädchen sich so unterhalten. Über die Hitze. Über die Zukunft der Enkelkinder. Über den Tod von Lady Di. Und wir werden uns ebenfalls mit ihr unterhalten, zu jeder Tages- und Nachtzeit.

141

Das ist eine anständige Lösung, glaube ich. Das ist eine recht faire Lösung für den Abschluss eines langen, erfüllten Lebens, das ein bemerkenswertes Jahrhundert beobachtet und überlebt hat. Das ist eine faire Lösung, glaube ich. Eine Lösung, die ihr zusteht.

Doch die Zweifel steigen auf, und die Gedanken schweifen ab, vor allem um vier Uhr morgens, während ich im Dunkeln sitze und um Worte ringend diese Zeilen schreibe.

Einer dieser Gedanken, eine Überlegung dreht sich um die Erkenntnis, wie abgrundtief falsch es doch von uns war, den Trends dieses Jahrhunderts zu folgen. Kleinere Familien zu gründen. Beruflichen Zielen über Tausende von Meilen nachzujagen – und einer sinnlosen Auffassung von Selbstachtung, die im Nu, in einem einzigen Augenblick, schwindet und sich als Schall und Rauch erweist. In früheren Zeiten wären wir zu Hause geblieben und hätten ein paar Straßen weiter gewohnt, und unsere fünf oder sieben oder vierzehn Kinder hätten einmal in der Woche nach ihrer Großmutter gesehen – und nach ihrem Großvater Keith, solange er noch lebte. Und unser Geschlecht, unser Klan, hätte das Wichtigste behalten: seinen Wohnsitz. Sein angestammtes Land. Und Elsie würde in ihrem achtundachtzigsten Lebensjahr nicht in einem altgewohnten Zimmer in einem leeren Haus wach liegen, sich über Kopfhörer von einem Fremden ein Buch vorlesen lassen und auf das Anbrechen eines neuen Tages warten müssen. Oder auf das letzte Herzflattern, je nachdem, was eher eintritt.

Diese Betrachtung ist natürlich theoretisch, denn sonst hätte ich nicht meine Frau getroffen und Kay nicht ihren Mann, und wir hätten nicht die Reisen durch die Welt genossen, die wir unternommen haben. Doch viel von dem, was wir dort gelernt haben – in Irland, Eritrea, Nepal, Samoa, Neuseeland –, deckt sich mit dem, was ich hier feststelle: dass die Familie zählt und mehr für sie getan werden muss. Das ist mancherorts der Fall, aber nicht hier und heute. Denn wir sind der Güte unserer Vorväter entwachsen. Wir haben gelernt, haben mit großem Geschick und nach langem Üben gelernt, wie man sich nicht kümmert. Wir haben gelernt, dass jeder entbehrlich ist, auch die Eltern. Wir haben gelernt, Geld zu verdienen. Wir haben gelernt, uns durchzuschlagen.

Und Arbeit gibt es ohnehin nicht in Lismore, verteidigen wir uns. Die Kinder müssen uns verlassen und Arbeit suchen, wie ich es getan habe, oder sie verlieren das Anrecht auf Arbeitslosenunterstützung.

Unter den Stellenangeboten des Lokalblatts findet sich ein Job für eine junge Frau. In einem Massagesalon. In Melbourne. Greif zu, Mädchen, lautet die Botschaft, sonst bekommst du keine Unterstützung. Mach dich auf, schnell, jetzt. Also werden meine Kinder wohl auf jeden Fall in der Stadt bleiben. Und meine Mutter wird einsam auf dem Land sterben.

Ich werde demnächst ein Buch schreiben, habe ich mir vorgenommen, ein Buch mit dem Titel »Anleitung zum Sterben«. Ein Buch darüber, wie man sich auf dem eigenen Sterbebett und an den Sterbebetten anderer benimmt. Es wird ein paar Dinge enthalten, die ich von Elsie und Keith und John Hepworth, dem Schriftsteller, und von Francis James, meinem herrlich exzentrischen Vorbild, gelernt habe über jenes letzte Mal, bei dem gutes Benehmen gefragt ist, bei dem so wenig Zeit bleibt und die Besucher sich einfinden, voller Falschheit, mit einem Lächeln auf den Lippen und lahmem Zuspruch. In unserer abgestumpften und agnostischen Zeit haben wir, glaube ich, in diesem Punkt noch viel zu lernen. Vor allem müssen wir lernen, nicht zu lügen und doch liebevoll zu sein. Und das ist schwer.

Ich wünsche meiner Mutter Elsie alles Gute. Und ich wünsche ihr für ihr Ende eine letzte Gewissheit: geliebt zu werden. Und ich wünsche ihr, so vage und seicht es klingen mag, alles Gute zum Geburtstag.

Mach's gut, Mutter. Schlaf gut.

21

Zurück
vom Bergwerk

BILL BRANDT

In den zwanzig Jahren meiner Tätigkeit als Familientherapeut habe ich hohe Achtung vor den Männern und Frauen gewonnen, die in Zeiten von Stress und Sorgen zusammenhalten und einander zur Hand gehen. Die neueren Interpretationen der Vergangenheit vermitteln den Eindruck, als wären Männer und Frauen nie gut miteinander ausgekommen, romantische Liebe eine moderne (und irrige) Erfindung und die Beziehung zwischen den Geschlechtern per se ein Machtkampf.

Ich bin in der Gegend von England aufgewachsen, in der dieses Foto entstanden ist. Sogar die Tapete ist mir bekannt. Das Foto ruft in mir eine Fülle von Erinnerungen wach. Vielleicht lese ich aus ihm deswegen ein hohes Maß an Zärtlichkeit und beiderseitiger Hingabe heraus. Ich glaube, dass die Fähigkeit zur Teamarbeit den Teil des menschlichen Vermächtnisses darstellt, dem eine ganz besondere Ehre gebührt. Zu wissen, dass Zusammenhalt und Zusammenarbeit unter den bitteren Umständen der industriellen Revolution möglich war, bestärkt uns vielleicht darin, unsere Ziele ebenso hoch zu stecken.

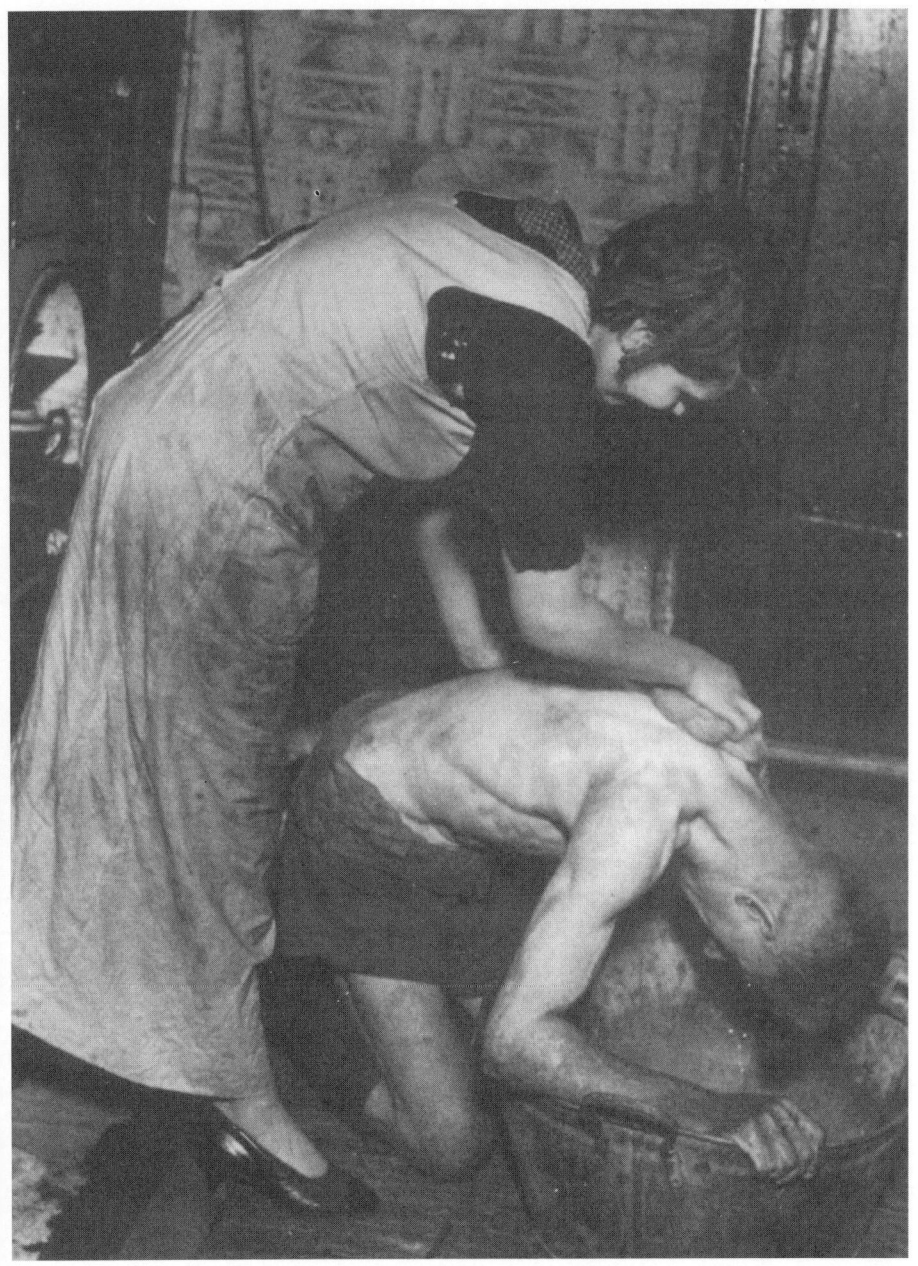

22 Als ich zum letzten Mal eine Frau schlug

ADAM MITCHELL

Adam Mitchell wuchs in einer Familie auf, in der die Mutter ihren irrationalen Jähzorn ausleben konnte, weil der Vater meinte, dass Frauen besondere Nachsicht verdienen.

Als Adam Mitchell älter wurde, fand er seine Kindheitserfahrungen in der Welt der Erwachsenen bestätigt.

Teil 1

Ich werde nie die Intensität und Bandbreite der Gefühle vergessen, die ich empfand, als ich zum letzten Mal eine Frau schlug.

Heute weiß ich, und ich wusste es schon damals: Es ist unerheblich

✗ dass *sie* mich verletzt hat, mit Worten und Gefühlen;

✗ dass *sie* angefangen hat, zu schreien und mich einzuschüchtern;

✗ dass *sie* viel größer und stärker war als ich;

✗ dass *sie* mit dem Schlagen begonnen hat und

✗ dass ich sie nur einmal geschlagen habe, mit der flachen Hand und nicht mit der geballten Faust, und dass mein Schlag nur ihren Arm traf, während *sie* mich mit voller Härte ins Gesicht geschlagen hat.

Ich erinnere mich, dass ich mich auf der Stelle zutiefst schämte. Und ich erinnere mich, dass ich große Angst hatte. Ich liebte diese Frau sehr, und ich war abhängig von ihrer Liebe und Fürsorge. Ich erinnere mich an die furchtbare Angst, die mit der Vorstellung verbunden war, sie würde mir wegen meiner Tat ihre Liebe gänzlich entziehen, ja mich wegen meiner Entgleisung gar verlassen.

Ich erinnere mich an ihren schockierten Gesichtsausdruck. Es war das erste Mal, dass ich sie geschlagen hatte, obwohl sie mich bei Auseinandersetzungen schon so oft provoziert hatte und mir auf die eine oder andere Weise weh getan hatte.

Ich wusste, dass ich eine Grenze überschritten hatte und dass es sehr schwierig, wenn nicht unmöglich, sein würde, wieder zurück auf die andere Seite der Grenze zu wechseln.

Und dann sprach sie die Worte aus, vor denen ich mich am meisten gefürchtet hatte: »Du gehst jetzt in dein Zimmer und bleibst dort, bis dein Vater nach Hause kommt.«

Ich war erst sieben Jahre alt, und ich hatte meine Mutter geschlagen.

Ich saß stundenlang in meinem Zimmer und wartete voller Angst. Ich glaubte nicht, dass mein Vater mich schlagen würde als Strafe für das, was ich meiner Mutter angetan hatte. Ich erwartete, dass wir beide über das, was vorgefallen war, sprechen würden. Und ich wusste, dass ich mich nicht verteidigen und für das rechtfertigen konnte, was ich getan hatte.

Ich hatte Angst, weil mir für die Lage, wie sie sich nun darstellte, keine Lösung einfiel und ich nicht wusste, wie die Situation sich tatsächlich verbessern ließ.

Aber ich wusste, dass meine Mutter wahrscheinlich von ihm erwartete, mich körperlich zu bestrafen, und dass sie ihn drängen würde, »mir eine Lektion zu erteilen, die ich nicht vergessen würde«. Aber ich vertraute darauf, dass mein Vater gerecht und vernünftig reagieren und keine Gewalt anwenden würde, um mir beizubringen, dass man sich nicht zu Gewalt hinreißen lassen soll.

Am meisten fürchtete ich mich vor der Unterredung mit meinem Vater, weil ich Angst hatte, ich könnte wegen dem, was ich getan hatte, seine Achtung verloren haben. Von meinen Eltern geachtet und geliebt zu werden, das war mir selbst im Alter von sieben Jahren sehr wichtig. Und die Liebe und Achtung meiner Mutter mir gegenüber war von jeher, schon bevor ich sie dieses einzige Mal geschlagen hatte, an Bedingungen geknüpft.

Kurz nachdem er von der Arbeit nach Hause gekommen war, kam mein Vater in mein Zimmer. Wir redeten. Wir diskutierten. Wir analysierten.

Ein Ergebnis unseres langen Gesprächs bestand darin, dass ich trotz anhaltender Provokationen nie wieder meine Mutter schlug. Und ich habe auch nie irgendeine andere Frau geschlagen.

Mein Vater versuchte mir nicht einzureden, dass ich mich für meine Rolle in dem Geschehen schämen müsse. Er versuchte nicht, mir zu drohen und mich einzuschüchtern.

Mein Vater erklärte mir, wie er über die Unterschiede zwischen Männern und Frauen dachte. Und weil vieles von dem, was er mir erzählt hat, nicht politisch korrektem Denken entspricht, will ich unsere Unterhaltung nicht vollständig wiedergeben.

Ich will mich auf den Teil des Gesprächs beschränken, der sich darum drehte, was ich tun sollte, um die Situation zu entschärfen.

Er machte deutlich, dass ich mich bei meiner Mutter dafür entschuldigen müsste, dass ich sie geschlagen hatte. Das war mir bereits klar gewesen, doch ich wollte wissen, ob auch sie sich dafür entschuldigen müsste, dass sie mich geschlagen hatte.

Mein Vater erklärte mir, dass die Welt nur von den Männern verlangt, Verantwortung für die eigenen Gedanken, Gefühle und Taten zu übernehmen. Frauen, führte er aus, dürfen stets anderen die Schuld dafür zuschreiben, was sie denken und fühlen und tun. Meine Mutter, erläuterte er, würde an ihrer Meinung festhalten, dass ich sie dazu getrieben hatte, den ersten Schlag

> Frauen, führte er aus, dürfen stets anderen die Schuld dafür zuschreiben, was sie denken und fühlen und tun.

zu tun, und darauf bestehen, dass ich mich zu ändern hätte, damit sie mich nie wieder würde anschreien oder schlagen »müssen«.

Ich erinnere mich, gesagt zu haben, dass ich dies nicht für gerecht hielt. Mein Vater erklärte, dass Gerechtigkeit ein männlicher ethischer Wert ist, den die meisten Frauen weder begreifen noch schätzen.

Als ich mich bei meiner Mutter entschuldigte, verlangte sie, wie mein Vater es vorausgesehen hatte, dass ich einsah, sie dazu gebracht zu haben, mich zu schlagen, dass ihre Handgreiflichkeit mein Verschulden war. Mein Vater hatte mir geraten, darüber nicht zu diskutieren, obwohl diese Darstellung objektiv nicht der Wirklichkeit entsprach.

Ich könnte mir, fuhr er fort, mithilfe meines klaren, logischen Verstands eine Antwort auf diese Forderung zurechtlegen, die akzeptabel war und mich nicht zwang, sie anzulügen, indem ich vorgab, ihren Gewaltausbruch für mein Verschulden zu halten. Er empfahl mir, die Logik dieser Antwort für mich zu behalten, weil Frauen Logik meistens nicht sonderlich schätzen und sie hassen, wenn sie emotional erregt sind. (Ich habe Ihnen gesagt, dass weite Teile unserer Unterhaltung nicht politisch korrekt waren.)

Nachdem ich nun wusste, dass ich für ihre Tätlichkeit nicht verantwortlich gewesen war und dass ich, außer unter ganz besonderen Umständen, nicht verantwortlich sein könnte für alle gegen mich gerichteten Ausbrüche von Gewalt, zu denen sie sich in Zukunft vielleicht noch hinreißen lassen würde, ließ ich mir sagen, dass folgendes Versprechen für mich akzeptabel wäre: »Ich werde nie wieder etwas tun, was dir Anlass gibt, mich zu schlagen.«

Für meine Mutter schien dieses Versprechen das Eingeständnis zu beinhalten, dass ich mich für das, was geschehen war, verantwortlich fühlte. Nachdem sie mir gesagt hatte, wie sehr ich sie enttäuscht hätte und was für ein »böser Junge« ich doch sei, erklärte sie, dass ich eines Tages vielleicht wieder ihre Achtung und ihr Vertrauen verdienen würde.

Mein Vater musste ihren ungestillten Zorn ausbaden. In jener Nacht drohte sie, ihn zu verlassen, weil sie der Ansicht war, dass er mich körperlich hätte strafen müssen und mich zu glimpflich hatte davonkommen lassen.

Teil 2

Ich habe in meinem Leben die Erfahrung gemacht, dass die politisch inkorrekte Einstellung meines Vaters nicht allein im privaten Bereich ihre Berechtigung hat.

Ich erinnere mich an einen Vorfall in der Schule. Ich war elf Jahre alt. Wir hatten in Mathematik eine Klassenarbeit geschrieben und nun gab uns die Lehrerin die zensierten Unterlagen zurück. Der Test hatte zwanzig Fragen.

Ich hatte 95 von 100 Punkten erreicht. Offenbar hatte ich eine Aufgabe falsch gelöst.

Ich war in Mathe ein Wunderkind. Bei Tests, die auf meine Altersgruppe zugeschnitten waren, unterliefen mir gewöhnlich keine Fehler. Ich sah die Aufgabe mit der als falsch bewerteten Lösung nochmals durch und stellte fest, dass meine Lösung stimmte.

Ich machte die Lehrerin darauf aufmerksam. Ich bat sie, meine Zensur zu ändern und mir 100 Punkte zu geben. Sie sah auf ihrem Antwortbogen nach; ihre Lösung wich tatsächlich von meiner ab. Ich sagte, dass der Antwortbogen fehlerhaft sei und ich an der Tafel demonstrieren würde, dass meine Lösung richtig sei.

Sie geriet in Rage. Sie schrie mich vor der gesamten Klasse an und beschimpfte mich, weil ich zu behaupten wagte, dass der Antwortbogen einen Fehler enthielt. Sie sagte, dass alle Lehrer, die dasselbe Lehrbuch benutzten, auch dieselben Antwortbögen heranzogen wie wir und »man« es nie zulassen würde, dass ein Antwortbogen, der an so vielen Schulen benutzt wird, einen Fehler aufweist.

150

Erneut bot ich in aller Ruhe an, die Aufgabe an der Tafel durchzugehen, um zu beweisen, dass meine Lösung korrekt war.

Daraufhin erklärte sie zu meiner Verwunderung, dass es mehr als eine richtige Lösung einer mathematischen Frage geben könne und dass die Lösung auf dem Antwortbogen vermutlicher richtiger sei als die Lösung, zu der ich gelangt war.

Wir hatten es hier mit numerischen und nicht mit quantentheoretischen Berechnungen zu tun, und ich sagte ihr, dass es in diesem Fall nur eine korrekte Lösung geben könne und dass diese von der auf dem Antwortbogen abwich. Nochmals bot ich an, es an der Tafel zu erklären.

Ihre Antwort bestand darin, mich zum Direktor zu schicken, damit er mir den Kopf zurechtrückte.

Das Schicksal hatte es so gefügt, dass dieser Direktor ein talentierter Mathematiklehrer war. Er erlaubte mir, die Aufgabe und ihre Lösung zu Papier zu bringen, und gestand, dass meine Lösung richtig und die auf dem Antwortbogen falsch war.

Wir waren uns darin einig, dass ohne Beseitigung dieses Fehlers viele Schüler fünf Punkte weniger erhalten würden, als sie verdienten.

Dann erklärte er mir, dass er die Lehrerin nicht auffordern, ja nicht einmal bitten würde, diesen Test neu zu benoten. Ob die Antwort richtig war oder falsch, sagte er, das wäre inzwischen nebensächlich. Der springende Punkt sei vielmehr, dass ich im Klassenzimmer die Autorität der Lehrerin in Frage gestellt hatte.

Ich sollte mich bei der Lehrerin dafür entschuldigen, dass ich den Unterricht gestört hatte. Dass meine Lösung der fraglichen Aufgabe richtig war, sollte ich nicht erwähnen. Sollte ich mich weigern, würde ich von der Schule verwiesen und nur wieder aufgenommen, wenn ich bereit wäre, mich ohne Vorbehalt zu entschuldigen.

Dass eine Vertrauensperson wie dieser gestandene Mann einen solchen Betrug befürwortete, war mir eine wertvolle, wichtige Lehre. Außer Lehrer für Mathematik war der Direktor Trainer der Footballmannschaft unserer Schule und Schiedsrichter bei den Footballspielen der Oberstufe. Ich meine heute noch, dass sein Begriff von Fairness und Objektivität unausgewogen war.

Er hatte seine eigenen Probleme. Er hatte eine Mathematiklehrerin zu beaufsichtigen und zu stützen, die anders als die vielen kompetenten Mathematiklehrerinnen, die ich kannte, nichts von Mathematik verstand.

151

Zum ersten Mal in meinem Leben hatte ich erfahren, dass ein Mann, der eine Führungssposition innehatte, bereit war, Tatsachen zu missachten, um sich auf die Seite einer ihm untergeordneten Frau zu schlagen.

Obgleich er zugegeben hatte, dass die Lösung auf dem Antwortbogen nicht stimmte, war er nicht im Geringsten bereit, den gewichtigeren grundsätzlichen Irrtum einzugestehen. In seinen Augen war eine Fehlerquote von fünf Prozent bei der Benotung einer einzigen Mathematikarbeit – die die Testergebnisse von männlichen und weiblichen Schülern gleichermaßen verfälschte – unwichtig gegenüber dem Anrecht der Lehrerin, im Klassenzimmer das Sagen zu haben. Aktiv unterstützte er ihre Entschlossenheit, auf Kosten all ihrer Schüler an einem Fehler festzuhalten: Das Zugeständnis, dass ich Recht hatte, würde womöglich das Vertrauen der anderen Schüler in die Lehrerin untergraben.

Ich kann nicht sagen, dass er dies nicht auch getan hätte, um einen unfähigen männlichen Mathematiklehrer zu schützen. Es mag eine Geschlechterfrage gewesen sein oder auch nicht. Es ist jedenfalls ein Verhaltensmuster, das ich oft an Männern beobachtet habe, wenn sie in Konfliktsituationen, bei denen das Geschlecht als ein möglicher entscheidender Faktor in Frage kommt, vermitteln müssen.

Teil 3

Trotz der Lektionen, die ich schon früh in meinem Leben gelernt hatte, heiratete ich eine Frau, die in den zehn Jahren unserer Beziehung häufig – emotionale wie physische – Gewalt anwendete. Ich reagierte nie darauf, indem ich mich ebenfalls zur Gewalt hinreißen ließ. Wie ich eingangs erwähnt habe, habe ich seit meinem siebten Lebensjahr nie mehr eine Frau geschlagen.

Als ich schließlich erkannte, dass meine Partnerin nicht einsehen wollte, dass ihre Neigung zu Gewalt ein Problem darstellte und dass sie nicht versuchte, sich zu ändern, da beschloss ich, mich scheiden zu lassen.

Während der Monate, in denen wir »Klarschiff machten«, hatten wir beide einmal eine Meinungsverschiedenheit. Sie geriet in Wut. Und dabei machte sie eine Bemerkung, die mir half, den Trennungsprozess innerlich abzuschließen. Sie schrie:

»Ich habe nie vergessen, wie du mich angesehen hast, als ich dich zum ersten Mal geschlagen habe.«

»Wie habe ich dich angesehen?«, fragte ich.

»Verletzt und schockiert und ärgerlich und abgestoßen.«

»Wie hätte ich dich denn ansehen sollen, nachdem du mich geschlagen hast?«, fragte ich.

»Ich wollte, dass du verstehst, wie ich mich fühle. Ich wollte, dass du zu mir hältst, nicht dass du dich über mich ärgerst.«

Nun begriff ich, weshalb sie sich nie für diese und ihre vielen anderen Übergriffe entschuldigt hatte. Sie hatte nie bemerkt, dass sie ein Problem hatte. Niemand konnte ihr beibringen, dass sie ein Problem hatte. Niemand konnte ihr bei einem Problem helfen, dessen Vorhandensein ihr nicht bewusst war und ihr niemand bewusst machen konnte.

Es gibt sehr wenige Hilfsangebote für Frauen, die zu Gewalt neigen; der Gewalt von Frauen schenkt die Öffentlichkeit noch sehr wenig Beachtung. Ich erkannte das Ausmaß der Gewalt von Frauen erst, als ich begann, meine persönlichen Erfahrungen aufzuarbeiten und mehr über dieses Thema zu lesen. Dass männliche Gewalt im Mittelpunkt der öffentlichen Aufmerksamkeit und Diskussion stand, war mir natürlich klar, und auf Grund dieser einseitigen Darstellung häuslicher Gewalt hielt ich mich – wie viele Männer, die Erfahrungen mit Partnerinnen haben, die zu Gewalt neigen – für eine Ausnahme von der Regel. Und wie die meisten Männer, die der Gewalt von Frauen ausgesetzt sind, erzählte ich niemandem, weder offen noch im Vertrauen, von dem Verhalten meiner Frau.

Über Gewalt von Frauen gegenüber Männern wird fast nicht gesprochen, am ehesten noch unter Wissenschaftlern unter der Bedingung, dass die Frauen keine unmittelbaren Konsequenzen ihres Verhaltens fürchten müssen. Nur unter solchen Voraussetzungen gestehen Männer wie Frauen das wahre Ausmaß weiblicher Gewaltanwendung in ihren Beziehungen.

Die Ergebnisse solcher Untersuchungen müssen in jedes Projekt einfließen, das erwachsene Männer über Gewalt aufklärt. Viele dieser Männer werden auch erfahren wollen, wie man ihren Müttern helfen kann, den Hang zur Gewalt zu zügeln.

22

Männlichkeitsriten

ALDEN NOWLAN

In jungen Jahren sind junge Frauen für uns ein echtes Problem, weil sie uns so glücklich machen können, dass es uns fast den Verstand raubt. Wir laufen Gefahr, uns dieser Vorstellung in einem Ausmaß hinzugeben, dass wir im Objekt unserer Begierde den Menschen übersehen, der uns da gegenübersteht.

Dieses Gedicht erzählt von einem jungen Matrosen, der in einer Hafenstadt eine Nacht durchgemacht hat. Ganz auf seine eigenen Wünsche fixiert, bemerkt er schließlich, dass auch seine junge Begleiterin schwach und hilfsbedürftig ist. Sein Gewissen meldet sich zu Wort, und er beginnt, eine der wichtigsten Lehren des Lebens zu begreifen.

Alden Nowlan, der dieses Gedicht geschrieben hat, war der vielleicht bekannteste kanadische Dichter des 20. Jahrhunderts.

Es schneit so stark, dass die Taxis nicht fahren
ich komme von der Nachtschicht und geh nach Hause,
lang nach Mitternacht, die Stadt gehört allein mir,
da sehe ich gegenüber einen Matrosen stehen, Amerikaner, sehr jung,
vor ihm, auf dem Bürgersteig, kniet ein Mädchen
und steht nicht auf, obwohl er schreit, sie solle ihm sagen,
wo sie wohnt, damit er sie nach Hause bringen kann,
ehe sie beide erfrieren. Sie sind beide betrunken,
und ich vermute, er las sie in einer Bar auf,
verlor dann seine Kumpel aus den Augen
und fand es erst lustig, den alten Seebär auf Landgang
zu spielen in einem Hafen voller Frauen, die
auf Männerfang sind, aber jetzt will er nur noch
eine Lösung für das unendlich schwierige
Problem, was er machen soll mit ihr, ehe die
Polizei ihn erwischt oder die Hafenpatrouille
– und dass das nicht schäbig ist, liegt
an dem, was in ihm vorgeht:
wären andere Matrosen hier,
könnte er sie lassen, wo sie ist, und
später darüber juxen, aber er ist
allein und Schuldbewusstsein nicht teilbar
in kleine Portionen, die man vergisst;
er entdeckt, was es heißt,
ein Mann zu sein, und wie viel anders das ist,
als er es sich vor Stunden vorgestellt hat.

Der lange Abschied

SIMON McCULLOCH

Ich kenne Simon seit vielen Jahren. Er ist ein ehrlicher, offener Mann, keiner, der es sich leicht macht und sich geschmeidig anpasst.

Als ich hörte, dass er nach Flinders Island, einer Insel vor Tasmanien, gezogen war und dort eine Hütte gebaut hatte, um sich um seinen alten Vater zu kümmern, der an Alzheimer erkrankt war, da wusste ich, dass er ein völlig neues Terrain erschließen würde, für sich und für alle Männer. Und tatsächlich sah sich Simon vor die Frage gestellt: »Ist das eigentlich die Aufgabe von Männern?«

Die folgenden Auszüge aus Simons Tagebuch gewähren Einsicht in einige Monate dieser Phase seines Lebens. Es sind beeindruckend ungekünstelte, realistische und aufschlussreiche Notizen.

Vielleicht fing es an, als ich ein kleiner Junge war. Ich bin mir nicht sicher. Zeit mit meinem Vater zu verbringen, danach sehnte ich mich sehr. Aber es fehlte stets an dieser Zeit. Ich kann mich nicht erinnern, jemals gedacht zu haben: *Ich will mehr mit Vater zusammen sein.* Ich erinnere mich nur, dass das Zusammensein mit meinem Vater etwas mit Abenteuer zu tun hatte, mit dem Entdecken von Neuland.

Was wir jetzt tun, kommt nicht jenen Gefühlen und Sehnsüchten nahe, die mich als kleiner Junge bewegten; das denke ich nicht einmal, während ich darüber schreibe. Nun sind wir zwei also hier, auf einer Insel mitten in der Bass Strait. Es ist ein Abenteuer, viele Situationen sind neu. Wir müssen einfallsreich sein. Wenn ich uns mit Abstand betrachte, dann bin ich der Vater, und er ist der Sohn. Ich bin für fast alles verantwortlich. Ich lerne, diese Erfahrung zu genießen, lerne, mich zu entspannen.

Lerne, kein schlechtes Gewissen zu haben, weil ich Pflegegeld beziehe und keine Arbeit habe. Dabei habe ich noch nie in meinem Leben so pausenlos und zuweilen hart gearbeitet. Das Leben eines anderen in die Hand nehmen und dabei versuchen, ihm, meinem Vater, ein wenig Freiheit und Mitspracherecht zu bewahren – das ist schwer. Es verlangt unendliche Geduld, und die besitze ich nicht.

Über mich selbst schreiben, über mein Leben auf einer Insel mit meinem Vater … Gott allein weiß, weshalb ich das mache. Ist das überhaupt die Aufgabe von Männern? Mir ist nicht bekannt, dass andere Männer das tun. Ich glaube, Väter besitzen Fertigkeiten, die sie ihren Kindern vermitteln können; von meiner Mutter habe ich viel gelernt, aber mein Vater hat mir nichts von dem, worauf er sich besonders verstand – musizieren, schriftstellern, schreinern –, beigebracht. Grausamkeit und Gleichgültigkeit hat er mir beigebracht.

Das erscheint jetzt aus dem Zusammenhang gerissen. Ich will niederschreiben, weshalb ich mich auf dieses Abenteuer mit meinem Vater eingelassen habe. Seit ich elf war, habe ich mir gewünscht, dass Vater mich mit in den Urlaub nimmt. Er ging nämlich jedes Jahr zwei Wochen wandern. Mutter bestand darauf. Ständig versprach er, mich beim nächsten Mal mitzunehmen, doch er tat es nie. Jetzt sieht es so aus, als nähme ich Vater auf eine Abenteuerreise mit. Zwei große Kinder, eines in der Mitte, das andere am Ende des Lebens stehend. Etwas, was Vater und Sohn zusammen machen. Aber dies ist nicht der Mann, den ich als meinen Vater gekannt habe. Dieser Mann weiß nicht, wer er ist; er kann sich nicht erinnern, wo sein Bett steht und ob er aus der Armee entlassen worden ist (was 1946 der Fall war). Er weiß, dass er die Kontrolle über die Realität verliert, und er sagt: »Mir fehlt bloß die Orientierung bei all dem, was um mich herum passiert.« Er hofft, dass er einschläft und dass beim Aufwachen alles wieder in Ordnung und er im Bilde ist! Ich kann mir denken, wie er sich das vorstellt: ein bisschen so, als würde er aus einer Narkose erwachen und versuchen, den Nebel aus seinem Kopf zu verscheuchen und festzuhalten, was ihm entfliehen will, damit er sich an seinen Platz in seinem Buch des Lebens erinnern kann.

Ich nahm Vater Ende 1997 zu mir; Mutter war 1996 gestorben, im Juli. Er hat Alzheimer. Eine Weile lebte er in einem Seniorenheim. Ich konnte zusehen, wie er zunehmend uninteressiert und unzugänglich wurde. Mir schien sogar, dass er schrumpfte. Wir warfen zusammen, was wir besaßen, und bauten auf Flinders Island ein Haus aus (rotem) Wellblech. Es ist noch nicht ganz fertig; wir werden es »Roter Schuppen« nennen.

Tagebuchnotiz, *irgendwann Mitte 1998:* Einer der wenigen bitteren Momente. Es gab wahrscheinlich irgendwann einmal für Vater die Gelegenheit, seine Einstellung zu den Menschen, zu sich selbst und der Welt zu ändern. In den lieblosen Augenblicken, in denen er seinen Hass und Zorn nicht unterdrücken konnte und seine sarkastischen, ätzenden Kommentare, seine grausamen, boshaften Spötteleien zischelte, in jenen Augenblicken muss es die Möglichkeit gegeben haben, innezuhalten und darüber nachzudenken, welchen Schaden er sich, seiner Frau, seiner Familie zufügte. Nun ist es vielleicht zu spät, weil sein Verstand, der ihm dabei helfen könnte, meutert und seine Wahrnehmung trübt. Jetzt kann er vielleicht nicht mehr aus seiner Haut heraus, aus seiner herablassenden Art, dem dauernden Lügen, dem verstockten Ingrimm und Hass. Nach außen hin erscheint er als ein reizender, höflicher, netter alter Mann. Ein Mann mit Charme.

Die Beziehung zu Vater zählt zu den bedrückendsten meines Lebens. Ich fühle mich hoffnungs- und hilflos. Es fehlt jeder Anflug von Freude, Friedlichkeit und Zufriedenheit. Jeder Tag ist eine Qual. Ich weiß nicht, weshalb ich es auf mich genommen habe, mich um Vater zu kümmern. Natürlich kann ich all diese edelmütigen Gründe vorbringen wie »Ich brachte es nicht fertig, ihn im Heim zu lassen« und »Er ist mein Vater, und ich liebe ihn«. Aber in diesem Augenblick mag ich ihn nicht. Er lässt mich einfach nicht an sich heran, er lügt ständig. Nie gibt er eine offene Antwort. Er ist ein Eigenbrötler, der nicht von den Menschen lassen kann. Es gibt Zeiten, da hasse ich ihn unsäglich. Er ist immer so distanziert, kein bisschen zutraulich oder liebevoll.

Einer der anstrengendsten Aspekte dieser Beziehung ist seine Verstocktheit. Sie ist allumfassend, alles durchdringend, unüberwindlich, unerschütterlich. Sie erstickt alles Positive. Sie verursacht Schmerz, Ungemach, Trübsal; sie bewirkt, dass der Schmerz nicht abklingt. Es ist eine psychologische Folter, vollstreckt mit der Akribie eines Chirurgen, der mit einem rasiermesserscharfen Skalpell hantiert. Es gibt keine Unterbrechung; für Momente scheint die Folter auszusetzen, doch stets lauert unter der falschen Ruhe und Friedfertigkeit die gemeine, berechnende Kritik, nadelspitz und von tödlicher Treffsicherheit. Für Vater bietet jeder wache Augenblick die Chance, sich seiner vor Boshaftigkeiten, Feindseligkeiten, Erniedrigungen und Selbsthass strotzenden Waffen zu bedienen.

Ich glaube, ich werde genauso enden wie er. Vater hat nicht wahrhaben wollen, dass Mutter gestorben ist. Seit zwei Jahren habe ich ihm zahllose Male erklärt, dass sie tot ist. Doch er kann's einfach nicht fassen. Er glaubt nach wie vor, dass sie da ist und gleich auftaucht oder dass sie mit irgendeinem Kerl abgehauen ist, der einen größeren Schwanz hat als er. Vater ist wirklich paranoid; er meint, die Welt wimmle nur so von Menschen und Gelegenheiten, die darauf warten, ihn fertig zu machen.

Wäre ich an Vaters Stelle, würde ich mich völlig verloren fühlen, deprimiert, einsam, traurig, ängstlich, ungeliebt, ausgestoßen, wütend, hilflos: Ich kenne niemanden, weiß nicht, wer ich bin, wo ich bin. Ich ziehe in eine andere Gegend, um mit dem fertig zu werden, was mir das Leben beschert hat.

Die Depression wirkt ansteckend. Ich habe den Sprung gewagt, und nun nehmen wir beide Antidepressiva. Ich glaube, die Dinger wirken.

160

Vater ist deutlich ruhiger, oder vielleicht bin ich es – wer weiß? Ich fühle mich besser. Ich habe mich daran gemacht, das Haus fertig zu stellen. Die Arbeit fällt mir schwer. Ich muss ständig auf Vater achten, der die Angewohnheit hat, sich irgendwo herumzutreiben. Neulich war er verschwunden. Er hatte nach dem Hund sehen wollen, der ebenfalls ausgerissen war (ein Rüde, natürlich). Nach zwei Stunden Suche alarmierte ich die Polizei, sagte aber, sie solle erst kommen, nachdem ich das Gebiet durchforstet habe. (Inzwischen haben Nachbarn und Wanderer ein Auge auf die Berge, Wälder, Koppeln und Strände.) Ich beschloss, bei einem vier Kilometer entfernten Strand nachzuschauen, und dort sah ich schon von ferne zwei Pünktchen am Ufer entlangwandern: Es waren der Hund und Vater. Irgendwie hatten die beiden sich getroffen und aufgemacht zu diesem Strand, den steile Sanddünen abschotten. Einmal am Strand, konnte Vater nicht über die Dünen zurückklettern, und so hatten er und der Hund Stunden damit zugebracht, am Ufer hin und her zu streunen.

5. November 1998: Es sind ein paar Wochen vergangen, ich arbeite noch am Haus, die Arbeit scheint weniger schwer. Vater tigert umher und meint: »Meinst du, du hast dir zu viel aufgelastet?« und »Übernimm dich nicht!« Mir sagen all diese Bemerkungen ein und dasselbe: »Du schaffst es nicht.« Also hab ich ihm gesagt, was ich seinen Worten entnehme. Daraufhin wurde er patzig und trollte sich. Ich sagte ihm, dass Ermunterung und positive Kommentare hilfreicher wären, mich eher darin bestärken würden, nicht aufzugeben.

Die meiste Zeit meines Lebens habe ich mir Vaters Mahnungen es nicht zu übertreiben, angehört: »Mach nicht mehr, als du schaffen kannst«, »Nimm dir nicht zu viel vor« und so weiter. An diesem Nachmittag habe ich ihm wohl zum ersten Mal gesagt, wie ich mich fühle, wenn er so mit mir spricht.

10. Dezember 1998: Ich hatte eine schlimme Ellbogenentzündung, mein Unterarm ist immer noch geschwollen wie ein Ballon. In den vergangenen vier Wochen habe ich Antibiotika und Schmerzmittel in doppelter Dosis eingenommen. Dafür geht's mir jetzt viel besser. Ich musste deswegen vieles liegen lassen. Vater kam mit seinem so genannten »Problem« zu mir: sich nicht erinnern zu können, wo er ist und was er hier tut. Ich fragte ihn, ob er wisse, wo er sich befindet, und er antwortete »Tasmanien«. Ich fragte ihn nach dem Datum. Er erwiderte, er könnte schummeln und nachsehen, was er auch tat, um dann den 4. Dezember vorzuschlagen. Ich fragte, für wie alt er sich halte. Er dachte eine Weile nach. Er sei 1914 geboren, erklärte er schließlich, und wenn ich ihm das heutige Datum nennen würde, könnte er's ausrechnen. Ich bestand darauf, dass er schätzen sollte, und er tippte auf 87. Ich fand das ziemlich gut geschätzt. Ihm machte sein Gedächtnisverlust Sorgen. Ich sagte, das hätte mit seinem Erinnerungs- und nicht mit seinem Denkvermögen zu tun, und das schien er zu akzeptieren. Er fragte sich, ob er wohl Vorträge über Fußkrankheiten halten könnte. Wir stellten fest, dass er seit knapp zwanzig Jahren nicht mehr lehrte, und es wahrscheinlich zu viel erwartet war, sich an ein Vortragskonzept zu erinnern.

Ich sprach mit ihm darüber, wie es ist, an Alzheimer zu leiden, und dass es noch kein Mittel dagegen gibt. Ich sagte: »Du bist sehr fit, ruhig und meistens bei klarem Verstand.« Wir unterhielten uns über Beschäftigungen, die ihm Spaß machen würden. Er meinte, er könnte wieder anfangen, Gedichte zu schreiben, hätte aber Angst, es würde ihm nicht gelingen. Wenn er noch länger damit wartete, hielt ich dagegen, würde er womöglich gar nicht mehr fähig sein, seine Gedanken zu Papier zu bringen. Wir haben beide dasselbe Problem, Angst vor dem Versagen, und deshalb tun wir beide nichts. »Vielleicht«, bemerkte ich, »können wir all diese Leute, die uns, als wir jünger waren, eingeredet haben, dass wir hoffnungslose Fälle sind, nie etwas richtig machen und nie Erfolg haben werden, in die Wüste schicken und ihnen zeigen, dass sie sich getäuscht haben.«

Vater versteht alles in dem Augenblick, in dem wir uns unterhalten, was gewöhnlich um drei Uhr morgens der Fall ist. Doch er vergisst das meiste. Und so haben wir Stunden der Nähe und Vertrautheit, an die Vater sich nicht erinnert. Aber das ist mir immer noch lieber, als diese Stunden gar nicht erlebt zu haben.

20. Dezember 1998: Meinem Ellbogen geht es viel besser; ich hatte schon befürchtet, mir einen Erreger eingefangen zu haben, der gegen Antibiotika resistent ist. Echt feuchter Tagesbeginn. Nachts habe ich Vater alle zwei Stunden herumlaufen hören. Er vergisst, seine Urinflasche zu benutzen, und pinkelt dann in den Anhänger des Wohnwagens. Man glaubt nicht, wie das stinkt. Die meiste Zeit des Tages habe ich damit verbracht, Weihnachtskarten mit Blumen zu verzieren, die ich in der Mikrowelle getrocknet habe.

Vater streunt den ganzen Tag umher. Er kümmert sich um das Feuer. Er hat eine Schubkarre, in die er Papier und anderes Material zum Anzünden packt und die er in das Haus rein- und wieder rausschiebt. Während er zu Mittag isst, nehme ich die Schubkarre nach oben und mache Feuer. Ich biete ihm an, hochzukommen und fernzusehen. Er klagt, das Bild sei schlecht. Steht auf, um seine Brille zu holen, und danach sehe ich ihn bis zum Abendbrot nicht mehr. Vater denkt, es sei vormittag. Hat er einen Arzttermin? Muss er ins Krankenhaus? Seine Frau wird ihn hinbringen. Er wiederholt die Fragen ungefähr zehnmal. Dann ist mein Geduldsfaden bis zum Zerreißen gespannt, und ich muss mich im Zaum halten.

Seit etwa vier Wochen habe ich nichts am Haus gemacht. Der Gartenboden ist ausgetrocknet. Nächste Woche ist Weihnachten.

13. Januar 1999: Weihnachten ging alles glatt. Wir verbrachten den ersten Weihnachtstag mit Ann und Terry Taylor und ungefähr acht anderen Leuten – Primo, Lisa, Keven, Karon, David, Lynne, Adam. Wir haben gut gegessen, haben Cricket gespielt und Bowls. Bowls auf einer Schafweide zu spielen, statt auf gepflegtem Rasen, das hat was. Silvester waren wir im Tavern. Es gab gute Musik – die Band Crunch hat gespielt –, gute Stimmung, wieder gutes Essen, Feuerwerk und Tanz. Vater wollte nach Mitternacht heim; ich hätt's noch länger aushalten können.

Am Neujahrstag fuhren wir mit Terrys Boot von Lady Barron aus nach Big Dog Island. Ich hab ein bisschen geschnorchelt. Es war ein schöner Tag, ein langer Tag. Hier ein Gedicht, das Vater gern rezitiert (das aber nicht von ihm stammt):

> In der Bucht liegt ein Schoner, die Segel zerfetzt
> Von Kanonen,
> Mein Herz sprang von Bord, hin zu der Insel, wo die
> Träume wohnen.

16. Januar 1999: Ein schöner, heißer Tag. Vater steht auf, geht auf die Toilette, doch er kann nicht. Totale Verstopfung. Er stand auf der

163

Veranda und sagte, er wisse nicht, wo er hier steht. Ich habe mit ihm über sein Problem gesprochen, über seine Vergesslichkeit und Alzheimer. Ich habe den Verdacht, dass keiner von uns beiden loslassen will, dass wir an der Traurigkeit und dem Schmerz festhalten und schließlich die Wirklichkeit verzerren. Indem wir uns unsere Probleme nicht eingestehen, verhindern wir den Heilungsprozess. Die ganze Zeit schon will ich mit Robert oder Steve reden, aber ich rufe sie nicht an. Ich will nicht, dass sie glauben, ich bräuchte Hilfe. Ich vermisse meine Freunde.

25. Januar 1999: Ich vermisse Mutter, wir beiden waren gute Freunde. Jedes Mal, wenn er zu sich kommt, tritt immer noch diese Veränderung ein, dieser kleine Ausgleich dafür, dass Vater nicht bei klar bei Verstand ist. Es ist ein langer Abschied. Das Einhalten des Versprechens, Vater nicht in ein Heim zu stecken. Wie paradox, von »Heim« zu sprechen. Ärger und Traurigkeit überschatten mein Leben, seit ich mich um Vater kümmere.

26. Januar 1999: Väter kümmern sich um ihre Söhne, doch irgendwann kehrt es sich um, und die Söhne kümmern sich um ihre Väter. Sind wir Freunde, Gefährten, Mann und Frau, Liebende? Was geschieht mit meinem Leben? Ich kenne viele Fälle und habe von vielen Fällen gehört, in denen Töchter sich um ihre Väter, ihre Mütter kümmern. Jeder, der mich fragt, was ich mache, und erfährt, dass ich meinen Vater pflege, sagt: »Ach, Sie sind also im Ruhestand.« Eine Sichtweise, die Feministinnen auf die Palme bringen würde.

In der physischen Fürsorge bin ich ganz gut – ich sorge dafür, dass Vater sauber gekleidet ist, gesundes Essen bekommt, es warm hat, rasiert ist, gepflegte Finger- und Fußnägel hat, duscht, seine Medikamente und Abführmittel einnimmt. Alles Angelegenheiten der linken Hirnhälfte – männlich, einfach, Übungssache, gut kontrollierbar. Aber um die Beziehung mit Leben zu füllen, mit Würde, muss man Freiräume, Wertvorstellungen, das Recht auf Eigenleben und die eigene Entscheidung respektieren und (ganz wichtig) sich die Zeit nehmen, sich auf Vaters Tempo einzulassen.

Vater ist kein Mensch, der Abstand wahrt. Er fasst Leute an. Er fasst sie an, weil er sie berühren will, und akzeptiert oder begreift es nicht, wenn jemand (gewöhnlich eine Frau) sich dagegen wehrt. Er sehnt sich nach dieser Vertrautheit, er verzehrt sich nach ihr. Das Alter scheint eine Mauer aufzurichten, eine Schranke, die Intimität, Berührungen, Umarmungen, Händehalten nicht zulässt. Vaters Schultern sind dermaßen verspannt, dass die Hände schlecht durchblutet werden. Gehen Großeltern deshalb so sehr auf ihre Enkel ein, weil beide Seiten Zeit haben und ihre liebevolle Nähe völlig in Ordnung ist?

Ich hatte eine Woche für mich allein. Vater fuhr mit einem Ehepaar an die Ostküste; »Pflegeurlaub« nennt sich das. Ich habe die Zeit dazu genutzt, endlich alle Leitungen zu verlegen. Jetzt haben wir fließend heißes Wasser und eine Dusche, nachdem wir vierzehn Monate lang auf der Veranda mit Eimern »geduscht« haben, was an schönen Tagen ein Vergnügen ist – das sich selbst Vater nicht entgehen lassen wollte –, nicht aber, wenn es windig ist.

Je länger ich Tagebuch führe oder wie auch immer man das nennen mag, desto mehr klären sich viele Dinge. Das war der Sinn des Ganzen, und ich fühle mich gut dabei.

Und wenn ich mich gut fühle, erkenne ich bei Vater Zeichen der Resonanz: häufigeres Lächeln und zufriedenes Seufzen. Dann gehen wir toleranter miteinander um, sind uns näher, und es besteht die Aussicht, doch eine reiche Ernte einzufahren.

Er ist nicht der Mann, der Vater, den ich von früher kenne beziehungsweise zu kennen glaube, aber wir sind vom selben Blut, und das ist trotz Vaters geistiger Verwirrung irgendwie wichtig, ein guter Grund, zusammen zu sein.

Weil er sein Erinnerungs- und sein logisches Denkvermögen verloren hat, erlebt er jeden Tag, als wäre es sein erster. Er sieht dieselbe Sonne, dieselben Berge, dasselbe Meer jeden Tag zum ersten Mal. Er sieht es mit dem Staunen eines Kindes. Darauf bin ich neidisch. Meine Mutter sprach einmal davon, »glücklich wie ein Vogel« zu sein, und ich wusste, was sie meinte, ich konnte mir vorstellen, was für ein Gefühl das ist. Dieses Gefühl zu haben, wünsche ich mir heute noch.

> Er ist nicht der Vater, den ich von früher kenne ... aber wir sind vom selben Blut, und das scheint ... irgendwie wichtig, ein guter Grund, zusammen zu sein.

27. Januar 1999, vormittags: Ich habe darüber nachgedacht, wie es wäre, es meinem Vater heimzuzahlen, seine geistige Verfassung auszunutzen, um meine eigene Grausamkeit, oder was auch immer in mir stecken mag, zumindest zum Teil auszuleben. Ich würde Vater benutzen, um mich von eigenen Problemen abzulenken, denen ich mich nicht stellen will. Wäre ich niedergeschlagen, was sich bei mir darin äußert, dass ich mürrisch und pingelig werde, dann würde ich Vater Saures geben und ihn missmutig behandeln. Vater, der einen guten Riecher für Gemeinheiten hat, würde es mir mit gleicher Münze vergelten und sich genauso, wenn nicht noch störrischer und gehässiger verhalten.

Ich habe solche Szenen ziemlich oft provoziert. Dann ging ich aus irgendeinem Grund – Auslöser war, glaube ich, dass jemand etwas über die Würde der weniger vom Glück begünstigten Menschen sagte – schonungslos mit mir ins Gericht und übernahm die Verantwortung für das, was ich tat. Ich beschloss, damit aufzuhören; man glaubt nicht, wie schwer es ist, ein eingefahrenes Verhalten abzustellen. Unsere Beziehung ist jetzt weitaus besser. Ich höre zu, wenn Vater etwas sagt, und nehme mir Zeit für eine Antwort, statt lediglich zu reagieren und meinen Gefühlen nach Lust und Laune Luft zu machen.

Ich habe nicht nur akzeptiert, wie Vater sich verändert hat und was aus ihm geworden ist. Mir ist jetzt bewusst, dass meine Persönlichkeit, mein Verhalten und meine Umgangsweise mit anderen Menschen verhindert haben, dass sich etwas in meinem Leben bewegt. In den vergangenen zwei Jahren gab es lange Augenblicke, in denen ich glaubte, eine ureigene selbstquälerische Methode entwickelt zu haben, mit der ich mein Leben zerstörte. Aber so ist es natürlich nicht, nein. Das Problem bestand in meiner Weigerung, mir genau anzusehen, was ich tue, wie ich mich verhalte. Jetzt, da ich akzeptiert habe, was ich tun muss, fühle ich mich tatsächlich besser. Und was sich zwischen Vater und mir abspielt, ist ebenfalls sehr viel besser geworden.

1. Februar 1999: Mein Geburtstag, ich bin jetzt 54. Ein Tag wie jeder andere, derselbe Trott.

3. Februar 1999: Ich bin verschwitzt und deprimiert aufgewacht. Ich habe den Überblick verloren, es gibt anscheinend so viel zu tun. Mir tut ständig der Rücken weh; wenn ich arbeite, habe ich immer Schmerzen. Ich weiß, was ich tun sollte: abnehmen, Sport treiben. Und schon steck ich wieder drin, im Selbsthass und der Versagensangst – eine gelungene Kombination, wenn man seine Zeit vergeuden will. Tu's doch einfach! Ich beobachte einen jungen Staffelschwanz, eine Henne, wie sie herumhüpft, die Schwanzfedern so hoch aufgestellt, dass sie bei jeder Bewegung fast ihren Hinterkopf berühren. Zwei Mantelmöwen gleiten am Himmel vorbei, hart über den Wipfeln der Bäume, lassen sich langsam vom Wind treiben und beäugen die Welt von oben.

Ich spreche mit Vater darüber, dass er etwas schreiben könnte, und er produziert eine Kette von Wörtern, die nichts miteinander zu tun haben, in der Luft hängen und mir nichts sagen. Ich bin traurig; es ist womöglich schon zu spät für ihn, ein Beispiel seiner Dicht- und Schreibkunst zu hinterlassen.

Es ist ein wunderschöner Tag, die Luft ist warm, gefächelt vom Wind, der sich in sinfonischer Disharmonie mal ruhig, mal ungestüm und laut regt. Zwei Wolkenschichten sind zu sehen. Eine hohe, gepinselt auf blaue Leinwand. Eine tiefere, rundliche und flauschige. Beide ziehen so langsam, als wollten sie aufgehalten werden. Was ist los? Anscheinend fehlt der Antrieb. Es gibt vieles zu tun. Ich verspüre keine Lust, nur das Gefühl von Niedergeschlagenheit, Trägheit, Langeweile und Schuld, den Druck, das Haus fertig stellen zu müssen, nach Vater zu sehen, Tee zu machen, die Wäsche zu waschen. Ich habe es satt, zu müssen, zu sollen. Ihr könnt mich mal. Hab heute Abend ein paar Freunde angerufen. Und drei Dinge begriffen: Viele Ängste rühren aus Erschöpfung und Einsamkeit, man muss die Dinge einfach anpacken und schließlich: Man sollte jeden Tage einen Freund anrufen.

Würde man mich fragen, was ich Männern raten würde, die sich mit der Idee tragen, für ihre Väter zu sorgen, würde ich sagen: Einander zu lieben ist nicht genug, ihr müsst Freunde sein, euch mögen.

4. Februar 1999: Bin morgens Rad gefahren – es war anstrengend und ich hab fürchterlich geschwitzt. Aber es ist gut. Ich werde das regelmäßig tun.

Nachtrag

23. Juli 2000: Fünfzehn Monate sind vergangen. Vater ist in einem Seniorenheim. Er erhält bessere Pflege und Aufmerksamkeit, als ich ihm geben konnte. Er ist seit April diesen Jahres im Heim.

Jetzt, über ein Jahr später, meine Aufzeichnungen zu lesen, macht mir bewusst, dass ich zu mehr Ruhe gefunden bzw. mich zu ihr durchgearbeitet habe. Der Groll, den ich Vater gegenüber gehegt habe, ist Akzeptanz und innerem Frieden gewichen. Die Entscheidung fiel mir schwer. Ich hielt mich für schwach, ich glaubte Vater zu enttäuschen. Ich hatte Schuldgefühle. Aber ich investierte jeden Tag 24 Stunden, und das war für mich kein Leben. Trotzdem, und das ist bemerkenswert, ist Vater jetzt glücklicher und zufriedener, und er wird ganz bestimmt auch besser umsorgt. Er fügte sich in das Heim, als hätte er immer schon dort gelebt. Er bekommt Besuch von Leuten, die mit ihm reden, spazieren gehen, einen Ausflug unternehmen oder ihn zum Tee einladen.

Der Gemeinschaftsgeist auf dieser Insel übertrifft alles, was ich je erlebt habe. Das hat nichts mit Euphorie zu tun – ich sehe das Leben einer kleinen Gemeinde durchaus nüchtern. Dennoch überwältigt es mich manchmal zu sehen, wie diese Gemeinschaft an einem Strang zieht, wenn es darum geht, sich um ein einzelnes Mitglied oder das Gemeinwohl zu kümmern. Nicht einmal im Traum hätte ich einen besseren Ort für Vater finden können.

Und ich? Ich habe alle Hände voll zu tun. In der Woche, in der Vater ins Heim zog, habe ich mich um zwei Teilzeitjobs beworben und beide bekommen; kurz darauf habe ich einen dritten Job angenommen. Somit bin ich jetzt Wasserkontrolleur, Koordinator von Abenteuerwochenenden für junge Leute und Teilzeit-Tutor an der Bezirksoberschule. Ob ich dazu komme, Vater zu besuchen? Nicht so oft, wie ich möchte. Ich werde daher einen der drei Jobs aufgeben, sonst ende ich genau an dem Punkt, an dem ich meine Geschichte begonnen habe. Ich möchte mit Vater die Zeit, die uns noch bleibt, genießen, und ich möchte zugleich mein eigenes Leben führen – was nicht leicht ist, aber durchaus möglich.

In Würde sterben

MICHAEL LEUNIG

Die Vernachlässigung der älteren Generation zeugt, wie Mary Pipher in ihrem klugen Buch Das Land des Alters *ausführt, von einem erschreckenden Mangel an Gemeinschaftssinn, der das Leben in unseren Vorstädten kennzeichnet. Und in Anbetracht der Kommerzialisierung des Gesundheitswesens, so Pipher weiter, müssen wir damit rechnen, im Alter medizinisch schlechter betreut zu werden, ohne Rücksicht auf unsere Gefühle und Würde.*

Michael Leunig braucht natürlich nur ein paar krakelige Striche, um dasselbe zu sagen.

Opa ist leider nicht mehr stubenrein.
Deshalb wollen wir ihm erlauben, in Würde zu sterben.

Erinnerung an Mowaljarlai

JOHN ALLAN

Den Aborigine-Ältesten David Mowaljarlai kennen lernen zu dürfen, zählte zu den größten Geschenken, die mir das Leben gemacht hat. Als David vor einigen Jahren starb, nahm er ein Wissen mit sich, das kostbarer ist als ganze Bibliotheken voller Bücher. Er hat die alten Zeiten noch erlebt, das Eintreffen der weißen Missionare, die furchtbaren Vertreibungen der Aborigines von ihrem angestammten Land, auf dem die Weißen dann Vieh züchteten, sowie den langen Kampf der jungen Generation um die Rückgabe der heiligen Stätten – ein Kampf, der bis heute anhält.

Die Aufgabe eines Mannes, lehrte David Mowaljarlai, besteht darin, alles Leben um sich herum zu schützen. Dieses Motto bestimmt seither mein Leben; es gibt ihm Halt, Sinn und das beglückende Gefühl von Zugehörigkeit. Noch heute kann ich mich nicht der Tränen erwehren, wenn ich Davids Worte lese. Es sind Tränen der Hochachtung, die ich für David vergieße, und Tränen der Trauer über das andauernde Leiden seines Volkes.

Mowaljarlai ... Jetzt, da er tot ist, will ich ihn den Alten Mann nennen, aber Sie werden wissen, wen ich damit meine. 1994 planten Rein van der Ruit und ich eine Männerversammlung. Rein rief den Alten Mann in Kevin Shaws Haus in Derby an, wo er ihn untergebracht hatte. Rein hatte ihm vor vielen Jahren bei der Einrichtung des Kamali Land Council geholfen; davor noch war dank seiner Unterstützung erstmals in Western Australia Land der Aborigines aus einem Weidepachtvertrag ausgenommen worden.

Wir erzählten ihm von unserer Arbeit mit Männern und Jungen, erzählten, dass wir Zusammenkünfte im Busch veranstalteten, und fragten, ob er dafür die weite Reise vom fernen Kimberley in den Norden von New South Wales auf sich nehmen würde. Er antwortete ohne Zögern: »Ihr habt mir und meinen Leuten geholfen, jetzt will ich kommen, um euch und euren Leuten zu helfen.« Das Motto unseres Treffens lautete »*Everyone Standing Up Alive*«, eine Anspielung auf das Wandjina-Gesetz von Yorro Yorro. (Er hat gesagt, dass wir diesen Namen weiterhin aussprechen dürfen.)

Es nahmen über siebzig Männer teil, und es kam zu einem außergewöhnlichen Gemeinschaftserlebnis. Er war ein Mann, der die höchsten Initiationen durchlaufen hatte, ein so genannter Mann des Gesetzes. Ganz spontan übernahm er die Rolle des Stammesältesten und die Aufgabe, uns zu unterweisen und seinen Segen auszusprechen. Ein Aborigine, einer der traditionellen Besitzer des Landes, hieß uns willkommen. Der Alte Mann dankte ihm und sprach über die Schönheit des Landes in den Northern Rivers. Dann sagte er: »Alles hier in dieser Schöpfung steht lebendig da und schön, und weil *jeder von euch* ein Teil davon ist, seid auch *ihr* schön. *Ihr müsst euch dessen nur erinnern.*« Es waren ganz einfache Worte, aber sie waren von einer weihevollen Intensität, die viele Männer rührte.

Aus seiner Sicht hatten wir eine Gesetzesversammlung einberufen, anders zwar, als er sie aus seiner Tradition kannte, aber vom selben Geist beseelt. Und so verhielt er sich dementsprechend. Er besaß eine Gabe dafür, das Wesentliche zu erfassen und, ganz wie ein Künstler und Lehrer, spontan aus der unermesslichen Fülle traditionellen Wissens zu schöpfen und dabei stets seiner inneren Überzeugung treu zu bleiben.

Dass wir über Kultur und Gesetze [der Aborigines, Anm. d.Üb.] nicht nur redeten, sondern sie in einer spontanen Aufführung darstell-

173

ten, brachte bereits am ersten Tag die große Wende. Der Alte Mann erzählte zunächst den Mythos von Wodoi und Djingun. Er erzählte, wie diese beiden Ahnen- und Schöpferwesen noch älteren Bewohnern des Landes sakrale Gegenstände entwendeten. Wie alle Heroen stahlen sie nicht, um sich persönlich zu bereichern. Sie entschädigten die ursprünglichen Besitzer und begründeten mithilfe der erbeuteten Symbole der Macht ein neues Gesetz, das Teilungssystem Wunnan. Sie taten dies, weil ihre Leute starben, da sie nicht wussten, wie sie von dem Land leben sollten.

Sie zogen zunächst die beiden ersten Arme eines Netzes von [unsichtbaren, Anm. d. Üb.] »Linien« oder Wanderpfaden, die so genannten *songlines*. Am Ende umspannte das Netz des Wunnan-Systems ganz Australien. Der Alte Mann brach seine Erzählung an dem Punkt ab, an dem Emu von Osten her kommt und geheiligte Nahrungsmittel an sich reißt. Während die anderen Ahnen das neue Gesetz anerkennen und sich diese Nahrungsmittel der Reihe nach teilen, ist Emu, wie alle Materialisten, gierig und ungeduldig. Deshalb eignet er sich eigennützig sämtliche geheiligten Nahrungsmittel an.

Der Alte Mann erzählte, wie traditionell üblich, ohne zu interpretieren. Dies blieb den Zuhörern überlassen. Indem er seine Erzählung an diesem Punkt beendete, verwies er auf den Wertekonflikt, der sich ständig in uns abspielt – und auf die historische Tragödie, die mit dem Eintreffen der Weißen begann.

Er erklärte, dass die Linien des Wunnan-Systems ein Netz bilden, das sich über den gesamten Kontinent erstreckt.

»Die Linien des Systems bestehen immer noch. Obwohl andere Menschen auf ihren Gebieten leben. Wir müssen ein neues Wunnan schaffen, damit alle Menschen dieses Landes in der richtigen Beziehung zueinander stehen … Wer in diesem Land lebt und dafür Sorge trägt, der gehört hierher. Wir wollen unser Wissen darüber, wie man sich um das Land kümmert, mit anderen teilen. Die Lieder über die mit dem Land verbundenen Totems stellen eine Weisheit dar, und es ist wichtig, dass die Menschen diese Weisheit kennen und begreifen. Wir sagen nicht, dass ihr euch in Aborigines verwandeln sollt – nein, das sagen wir nicht. Aber ihr sollt offen sein für den Austausch von Wissen. Wir alle sind Menschen, wir können Wissen austauschen.«

Daraufhin forderte ich die Männer auf, Erfahrungen ihres Lebens, die mit dieser Aussage zu tun hatten, schauspielerisch darzustellen oder in die Rolle eines Charakters der Geschichte von Wodoi und Djinjun zu schlüpfen und so aus der Ich-Perspektive Begebenheiten dieser Geschichte vorzuführen. (Ich bediente mich dabei des Play-back-Verfahrens.) Der Alte Mann sah aufmerksam zu. Dann stand er plötzlich auf und wies uns an, die gesamte Wunnan-Geschichte aufzuführen. Sprühend vor Leben führte er bei dem mit siebzig Männern besetzten Schauspiel Regie. Wie ein junger Mann flitzte er auf der Koppel herum. Im Lauf der Jahre hatte er an Universitäten und vielen anderen Orten diese Mythen erzählt und sein reiches Wissen weitergegeben, aber das hier war etwas anderes.

Als er sah, wie wir die Geschichte inszenierten, hat er sich wohl einen Ruck gegeben. *Hier ist ein Haufen weißer Männer, die bereit sind, zu spielen und zu tanzen.* Also setzte er sich über alle Vorbehalte hinweg und ließ uns die Wunnan-Schöpfungsgeschichte darstellen. Ein Teilnehmer sagte später: »Ich dachte, ich würde etwas über die Kultur der Aborigines lernen. Nie hätte ich geglaubt, dass man mich einlädt, aktiv an ihr teilzuhaben!«

Dies ist das offene Geheimnis der traditionellen Kultur der Aborigines: Die Wiedergabe der heiligen Geschichten durch Tanz, Gesang, Gestik und Mimik ist die wichtigste spirituelle Übung; indem man die Ahnen der Vorzeit darstellt, verwandelt man sich in sie. Zudem stellen diese Darbietungen Gemeinschaftserlebnisse dar. Freilich ist manches Wissen höchst geheim und wird der Allgemeinheit vorenthalten, doch das meiste dürfen alle Männer, Frauen und Kinder erfahren. Beim Singen und Tanzen der traditionellen Weisen tritt man in ekstatischen Kontakt mit den Ahnen, und weil die Ahnen sämtliche Geschöpfe und Arten verkörpern, gelangt man in Kontakt mit der gesamten Schöpfung.

»Alles ist miteinander verbunden, dieses Prinzip ist Weißen schwer verständlich. Betrachtet man ein Teil, muss man alles Übrige im Herzen tragen, statt es auszusondern.«

Um zu verdeutlichen, was er sagen wollte, zeigte er uns eine beschnitzte Perlenausternschale; *Jagali* nennt man dieses Symbol des Teilungssystems Wunnan. Bei dem Muster dieses speziellen Jagali handelt es sich um die Linien des Wunnan-Systems, die man bei Problemen heranzieht. Nach dem Prinzip, das diesem Symbol zu

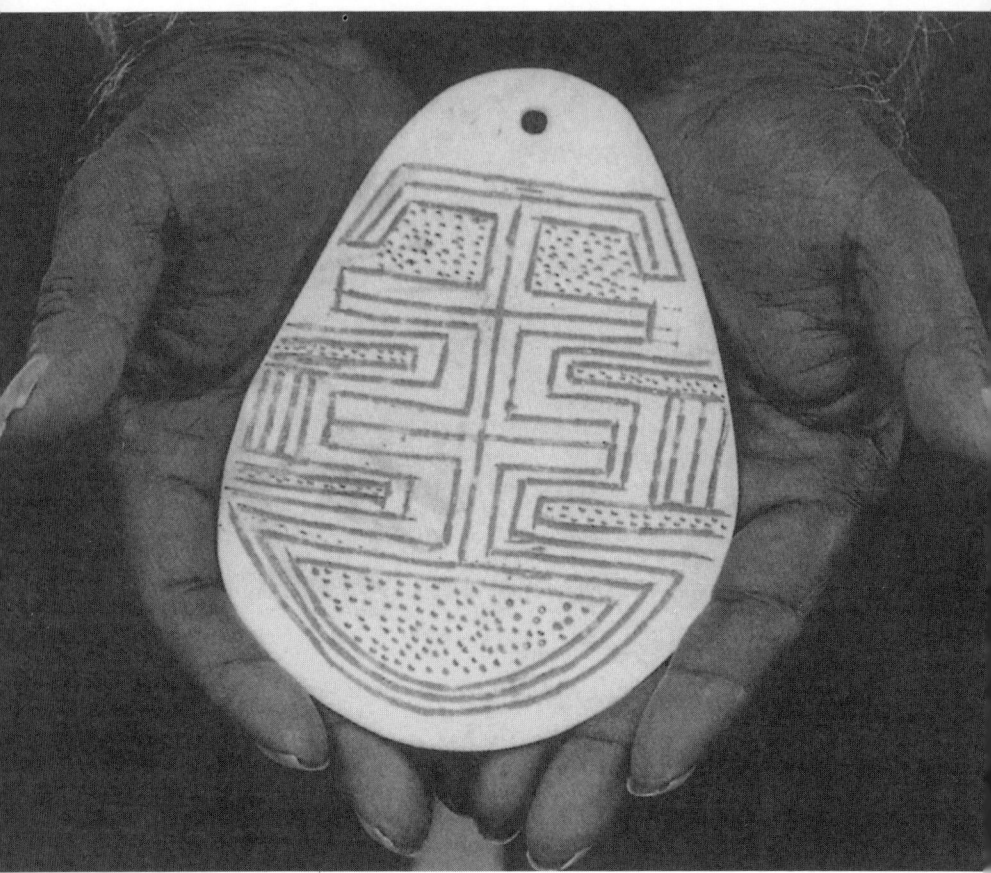

Grunde liegt, kommen alle zusammen, um das bestehende Problem zu lösen. Jeder ist verpflichtet, offen seine Meinung zu sagen, damit alle Fragen sofort geklärt werden können.

»Wir haben es früher benutzt, wenn wir über starke Gefühle und Gedanken sprechen mussten. Männer sprachen über Begebenheiten in ihrem Leben und ihrer Gemeinschaft, die zu Tränen rührten, und über solche, die ein Lächeln hervorzauberten.«

Dann sprach der Alte Mann, das *Jagali* in der Hand. Zum ersten Mal, gestand er, hätte er weiße Männer weinen sehen. Er sprach über die Dinge, die ihm auf der Seele lagen. Darüber, dass seine Leute

176

während des Zweiten Weltkriegs und der Fünfzigerjahre von ihrem Land vertrieben worden waren. Über die Verluste, die seither zu beklagen sind. Darüber, dass die Männer und Frauen des Gesetzes allmählich aussterben – und mit ihnen das Gesetz.

»Wenn wir Alten sterben, sterben mitsamt unserer Geschichte und unseren Geschichten, und zusammen mit ihnen bestattet werden, dann wird unser Wissen verbrennen, verbrennen bis ans Ende der Zeit, und niemand wird je von ihm erfahren.«

Am traurigsten aber machte ihn, dass so viele junge Menschen an Alkohol und Drogen sterben und aus hoffnungsloser Verzweiflung Selbstmord begehen. Es standen Tränen in seinen Augen, als er davon sprach – und die Frage aufwarf, weshalb die Regierung in Anbetracht dieser Folgen Menschen von ihrem Land vertrieb. »Sie sieht doch, was geschieht. Weshalb also treibt sie uns dazu, so hart für die Rückgewinnung unseres Landes zu kämpfen?«, fragte er. Er sagte, dies sei das erste Mal, dass er vor weißen Männern weine.

Er bat mich, zwei Gedichte aus seinem Buch *Yorro Yorro: Everything Standing Up Alive* vorzutragen. Das erste Gedicht beziehungsweise Lied erzählt davon, wie das Leben seiner Leute – der Worora, Ngarinyin und Wunambal der Kimberley-Region – war, ist und in Zukunft sein kann.

Ich bin ein Worora
Ich bin ein Ngarinyin
Ich bin ein Wunambal
Einst wanderte ich in meinem Land
Doch ich habe meinen Platz verlorn
Und mit ihm meinen Geist der Würde.

Als ich wanderte in meinem Land
War ich Eidechse und Känguru
War Truthahn und Emu
Und Wandjina wanderte mit mir.

Nun habe ich meinen Platz verlorn
Bin Schnaps und bin Verzweiflung
Bin Krankheit und früher Tod
Und in Gefängnissen kann Wandjina nicht wandern.

Wie habe ich mein Land verlassen
Was trieb mich hinaus aus meinem Land
Kann ich es erinnern
Habe ich es je gewusst?

Ich muss mich erinnern, es wissen
Vielleicht hält eine
Illusion mich fern von meinem Land.

Denn ich bin Worora
Echse und Känguru
Bin Truthahn und Emu
Bin ein heiliger Fels
Und ich bin Wandjina.

Das kurze zweite Gedicht ist ein Aufschrei des Herzens, eine schmerzliche Klage darüber, was er und andere Alte Männer alles verloren haben.

Einst war ich Vergangenheit und Zukunft
Und jetzt bin ich nur noch Gegenwart
Bin nichts als heute, bin der Augenblick
Und das ist schwer zu ertragen
Ohne Vergangenheit, ohne Zukunft.

Er suchte unaufhörlich nach Wegen, die jungen Leute aus den Städten zurück in den Busch zu holen, wo er und andere Älteste sie unterweisen konnten. Zusätzlich erschwert wurde diese Aufgabe durch die Alkoholabhängigkeit und den vorzeitigen Tod von erschreckend vielen Angehörigen der mittleren Generation, der jüngeren Ältesten.

»Alles ist durcheinander geraten. Ich diene den jungen Leuten, während sie uns Alten dienen sollten. Wir geben in einem hohen Alter, in dem man uns geben sollte. Wir stehen am Grab eines jungen Menschen, der an unseren Gräbern stehen sollte.«

Angesichts des tiefen Kummers über das Unglück seines Volkes – nicht zuletzt auch über den Tod einiger seiner leiblichen Kinder – wundern sich viele Menschen, die den Alten Mann persönlich kennen gelernt haben, woher er die Kraft nahm, mit solcher Ausdauer und seelischer Gefasstheit weiterzumachen. Er selbst führte dies zurück auf das stabile Fundament der Erziehung, die er erfahren hatte.

Ich fragte ihn, welches die wichtigsten Erinnerungen und Empfindungen seien, die er mit seiner Kindheit verbindet. Er sprach zunächst über das Gefühl der Freude.

»Ich diente damals, holte Feuerholz und garte Kängurus. Ich tat es für die alten Leute, für alle. Wenn wir uns in einem Jagdrevier befanden und ein Mann ein Känguru erlegt hatte, sprang ich auf, sammelte Holz und hob eine Grube aus. Das war meine Aufgabe. Ich war stolz, und auch die alten Leute waren aufrichtig stolz, mir nicht sagen zu müssen, tu dies und tu jenes. Denn ich hatte gelernt. Die Gemeinschaft war meine Familie, und zu lernen, das war ich meiner Kultur schuldig, das war meine Pflicht.

Ich lernte, mit einem guten Herzen aufzuwachsen. Ich wollte, dass die alten Leute auf mich stolz waren, und sie segneten mich und lobten mich. Ich war wahrhaft glücklich – ich war erfüllt. Es war wirklich eine Zeit großer Freude; ich hätte nicht glücklicher sein können.

Es half mir ins Leben einzutreten und mich zu beherrschen. Ich schätze es wirklich sehr. Und ich höre diese alten Leute heute noch zu mir sprechen. Ich höre ihre Stimmen. Tatsächlich! Mutter, Onkel, *granny* [*granny*, »Oma«, bezeichnet Frauen wie Männer, die uns im rechten Gebrauch der Gesetze, den für alle verbindlichen Regeln, unterrichten], ich höre sie alle. Ich höre sie zu mir sprechen, *überall*. Das ist für mich etwas sehr Kostbares.

Auf diese Weise haben wir gelernt, und selbst in meinem hohen Alter noch reden sie zu mir. Das haftet wie Leim an mir; es klebt an meinem Körper, in meinem Kopf. So geht es mir heute. Begonnen hat es mit meinem guten Start ins Leben. Als der Alkohol in den Siebzigerjahren infolge unserer rechtlichen Gleichstellung zunehmend zum Problem wurde, da konnten ihm Menschen mit meinem Hintergrund besser widerstehen als die jüngeren, die nicht unsere Erziehung und Lebenserfahrung besaßen. Ich konnte mich *dank meiner Lebenserfahrung unerschütterlich wie ein Fels* gegen den furchtbaren Alkohol wehren.

Trotz aller Bedrängnis und Veränderungen im Leben kann ich meine Ahnen zu mir sprechen hören. Die jüngeren [die zu einer Zeit aufwuchsen, in der die Traditionen, die auf der intensiven Beziehung der

Aborigines zu ihrem Land beruhten, aufweichten, weil sich die Weißen das Land angeeignet hatten] haben die Stimmen der Ahnen nicht im Kopf. Sie haben nichts, und sie sind verloren. Sie können nichts standhalten. Das ist ein sehr wichtiger Punkt. Das ist es, was mich traurig macht. Sie wollen mir nicht zuhören. Ich muss sie fortlocken, in den Busch, fort vom Alkohol, sonst haben sie an sieben Tagen der Woche nasse Gehirne. Sobald die Gehirne ausgetrocknet sind, muss man sie neu füllen. In die trockenen Gehirne muss man Körner der Weisheit säen, nicht Alkohol. Mit Alkohol geht es nicht; was man auch lernt, es entfällt einem einfach. Sie werden abhängig, süchtig, ruinieren sich Leber und Nieren. Sie sterben daran. Wenn sie einmal trinken, dann tun sie's richtig – und kommen nicht mehr davon los. Sie sind ständig abgebrannt. Sie kommen gegen all das nicht an – sie können sich zu nichts mehr entschließen, nur so weitermachen.«

Der Alte Mann erzählte uns, dass der Pfad der Initiation ein lebenslanger ist. Es geht nicht um den Erwerb von Macht oder Status, sondern darum, zunehmend gewichtige Verantwortung und soziale Verpflichtungen zu übernehmen. Die erste Initiation macht den Initianden nicht zum Mann, sondern zum Mitglied des Wunnan-Systems, damit er beginnen kann, Verantwortung zu tragen.

Wie bei jeder unserer Versammlungen hielten wir eine Eideszeremonie ab. Der Alte Mann versicherte: »Als ich ein junger Mann war, versprengte ich mein Blut auf der Erde und schwor, meiner Gemeinschaft, meinem Volk zu dienen. Dem bin ich mein Leben lang treu geblieben. Jetzt, ehe ich mich auf meine letzte Reise begebe, will ich dieses Gelübde wiederholen und auf alle Menschen überall auf der Welt erweitern.«

Mowaljarlai war ein großer und gelehrter weiser Mann, der mit mehreren Generationen von Anthropologen zusammengearbeitet hatte. Er sprach mindestens acht einheimische Sprachen sowie englisch und kannte die Überlieferungen zahlreicher Stammesgruppen. Er diente vielen Gemeinschaften der Aborigines als Mann des Gesetzes. Er unternahm Reisen in sein angestammtes Land, obwohl dies mit außerordentlichen Schwierigkeiten verbunden und er Hunderte von Meilen davon entfernt angesiedelt worden war. Weil er sich verpflichtet hatte, seinem Volk zu dienen, setzte er sich unermüdlich für dessen Wohl ein. Und trotz all der Ungerechtigkeiten, gegen die er anzukämpfen hatte, widerstand er der Versuchung, in Bitterkeit oder hoffnungslose Verzweiflung zu verfallen, und hielt am Wandjina-Ethos der Offenherzigkeit fest. Er wollte seinen reichen traditionellen Wissensschatz weitergeben, damit sich ein echtes Verständnis entwickeln und man auf rechte Weise Sorge für das Land tragen würde. Aus tiefer innerer Überzeugung nannte er das Land »das heilige Buch meines Volkes«. Er pflegte zu sagen: »Wenn ich auf einem hohen Berg stehe und meinen Blick über das Land schweifen lassen, dann strömt mein *unggur* [meine Lebensenergie] aus meinem Körper heraus, und mein Herz wird weit vor Glück.«

Jetzt ist er von uns gegangen, aber in meinem Herzen höre ich immer noch, wie er spricht. Seine starke und sanfte Persönlichkeit ist Teil dieses Landes. Sie mahnt mich, mein Herz nicht zu verschließen, anderen zu dienen und stets schöpferisch und verantwortungsbewusst zu handeln.

Rettung in Osttimor

JOHN PETRIE UND BARBIE DUTTER

Im Verlauf des Kalten Kriegs kam es in allen Teilen der Welt zu kleineren wie größeren, aber stets grausamen bewaffneten Konflikten, die uns daran erinnerten und erinnern, wie unentbehrlich Entwicklungshilfe für den Erhalt von Stabilität und Frieden ist. Oft genug ist es notwendig, einzugreifen und sich einzumischen, selbst wenn es nur unter Einsatz bewaffneter Truppen gelingt, dem Töten ein Ende zu machen. Im Fall von Osttimor hat man diese Notwendigkeit erkannt, wenngleich leider nicht schnell genug, um den Tod vieler Tausender von unschuldigen Menschen zu verhindern.

Der folgende Bericht schildert, wie zwei UN-Verbindungsoffiziere unter Gefahr für ihr eigenes Leben dreißig Menschen zur Flucht verhelfen. Er verzichtet auf Ausschmückungen, doch gerade deshalb beeindruckt der Mut der beiden Lebensretter umso mehr. Manchmal denke ich mir, dass die Welt sich aus einem einzigen Grund Tag für Tag weiterdreht: Weil einige Männer und Frauen mehr tun, als von ihnen verlangt wird.

Zum ersten Mal sah ich sie wirklich, die Angst der Menschen, an jenem Nachmittag des 3. September, an dem bekannt wurde, dass man die Wahlergebnisse einen Tag früher veröffentlichen würde. Sie flehten uns an, sie fortzubringen, denn sie waren fest davon überzeugt, dass die Miliz und die indonesische Armee sie am folgenden Tag umbringen würden.

Wir wollten einige Leute nach Uaimori bringen, ein Gebiet in den Bergen, das von den Unabhängigkeitskämpfern gehalten wurde, und die anderen, vor allem die Frauen und Kinder, zur Kirche. Die Sache war rein privat, nicht Teil unseres Auftrags. Mein brasilianischer UN-Kollege und ich hatten unsere Gastfamilie ins Herz geschlossen. Wir sahen es als unsere Pflicht an, für ihre Sicherheit zu sorgen.

Die erste Fahrt unternahmen wir bei Tageslicht, gegen vier Uhr nachmittags. Vier Männer legten sich wie Ölsardinen ins Heck des Land Rover; wir bedeckten sie mit einer grünen Plane, auf der wir Kisten mit Wasserflaschen verteilten. Drei kleine Kinder und ihre Mutter stopften wir zwischen die Vorder- und Rücksitze; wir legten unsere Militärrucksäcke auf die Rückbank, sodass nichts von unseren Fahrgästen zu sehen war.

Um zu dem Dorf in Uaimori [Caimori] zu gelangen, mussten wir eine Straßensperre der Miliz, einen Checkpoint sowie zwei Beobachtungsposten der indonesischen Armee passieren. Wir waren kaum losgefahren, da hielt uns die Miliz an. Wir baten sie, uns zum Checkpoint durchzulassen. Sie zierten sich, ungefähr dreißig Sekunden lang. Es schien wie immer zu sein. Doch dann löste sich einer aus der Gruppe und schritt den Wagen ab. *Jetzt ist es so weit*, dachte ich. Wir betätigten die Zentralverriegelung, damit sie die Heckklappe nicht öffnen konnten.

Es waren zwölf Männer, sieben auf der einen, fünf auf der anderen Seite. Alles schien in Zeitlupe abzulaufen. Ich hätte erwartet, in einer solchen Situationen zu Stein zu erstarren, aber aus irgendeinem Grund war ich bei klarem Verstand. Die einzige Waffe, die wir bei uns hatten, war mein NATO-Buschmesser. Ich zog es griffbereit heraus. Sollte ein Milizsoldat seine Waffe in den Wagen strecken, würde ich ihm den Arm abhacken und Gas geben.

Mein brasilianischer Kollege war großartig. Er plauderte auf Portugiesisch mit ein paar Milizsoldaten, ganz so, als wäre alles in bester

Ordnung. Zu guter Letzt winkten sie uns durch. Der Checkpoint der Armee, wussten wir, war nicht weit entfernt, aber leichter zu passieren, weil man uns dort sofort als UN-Verbindungsoffiziere erkennen würde. Als wir etwas langsamer fuhren, und sie sahen, wer wir waren, ließen sie uns ohne Stopp durch.

Nachdem wir auch die Beobachtungsposten der Armee hinter uns hatten, stand uns noch eine zwanzigminütige Holperfahrt am Flussufer entlang bis nach Cairui bevor. Wir überquerten das Flussbett und ließen unsere Passagiere an einer Stelle aussteigen, wo Unabhängigkeitskämpfer sie abholen und hinauf nach Uaimori geleiten wollten. Als wir nach Manatuto zurückkehrten, hatte sich bereits herumgesprochen, was wir getan hatten. Eine Gruppe von Einheimischen wartete schon auf uns. Wir fuhren zweimal in die Stadt, zur katholischen Kirche, weil die Frauen und Kinder auf den Schutz des Priesters vertrauten. Jedes Mal hatten wir vier Frauen im Kofferraum und vier Kinder zwischen den Vorder- und Rücksitzen versteckt.

Bei der ersten Fahrt zur Kirche ging alles glatt: Die Milizsoldaten winkten uns sofort durch. Vermutlich nahmen sie an, dass wir das UN-Gebäude ansteuerten, da wir diese Richtung einschlugen. Wir fuhren um die Kirche herum und hielten auf der Rückseite. Unsere Passagiere stiegen aus und flüchteten sich in die Kirche. Wir machten unverzüglich kehrt und holten die nächste Ladung. Dieses Mal aber wurden wir am Kontrollpunkt der Miliz angehalten. Das war bedenklich, denn es dämmerte zwar, doch noch lag der hintere Teil des Wagens nicht im vollständigen Schutz der Dunkelheit. Ich merkte, wie hinter mir eines der Kinder, ein fünf- oder sechsjähriges Mädchen, zitterte und wimmerte. Gleich fängt es an zu weinen, dachte ich. Ich stellte den Kassettenrekorder an und es erklangen Vivaldis *Vier Jahreszeiten*, während wir an einem Kontrollposten der Miliz warten mussten – eine absolut bizarre Situation.

Das Kommando über diese Milizeinheit hatte ein großer, fetter Mann, der die Bevölkerung terrorisierte. Er war soeben bei dem Posten eingetroffen. Wir saßen fest. Man würde uns nicht durchlassen. Kollegen von mir riefen die Milizsoldaten zu sich, hinüber auf die andere Seite unseres Wagens, was mir Gelegenheit gab, für den Fall der Fälle mein Messer hervorzuholen. Zum Glück erschien nun ein anderer Anführer der Miliz auf der Bildfläche und winkte uns sofort durch. Wir begaben uns zur Kirche, setzten die Leute ab und fuhren zurück.

Wir wollten wirklich keine weitere Fahrt mehr unternehmen. Hätte man uns an einem anderen Kontrollpunkt geschnappt, hätte man uns ohne jeden Zweifel getötet. Doch bei unserer Heimkehr warteten sechs Leute aus der Nachbarschaft auf uns. Sie beschworen uns, ein letztes Mal nach Cairui zu fahren. In die Kirche wollten sie nicht, weil die Männer fürchteten, dort umgebracht zu werden.

> **Hätte man uns an einem anderen Kontrollpunkt geschnappt, hätte man uns ohne jeden Zweifel getötet.**

Wir warteten, bis es dunkel war. Wir holten unser Gepäck, verstauten es im Wagen und versteckten die menschliche Fracht dieser letzten Tour: vier Männer im Heck und je einen zwischen den Vorder- und den Rücksitzen.

Zu diesem Zeitpunkt befand sich, was wir damals allerdings nicht wussten, die Armee bereits auf Patrouille in diesem Gebiet. An der ersten Straßensperre wachten ungefähr achtzehn Milizsoldaten. Hier erlebten wir den schlimmsten Augenblick von allen. Denn wir kamen hinter einem anderen Fahrzeug zum Halt, was bedeutete, dass wir länger aufgehalten würden.

Während wir warteten, schlenderten die Milizsoldaten auf uns zu und scharten sich um unseren Wagen. Einige lehnten sich gegen den Rover. Um sie fortzulocken, erhob ich mich vom Fahrersitz, entfernte mich ein paar Schritte und gab vor, mich für ihre Gewehre zu interessieren.

Man konnte förmlich spüren, dass die in unserem Wagen versteckten Flüchtlinge panische Angst bekamen. Wir warteten seit knapp vier Minuten. Bei dem Fahrzeug vor uns handelte es sich um einen Kleinbus mit Einheimischen. Die Miliz hatte die Heckklappe geöffnet und durchsuchte das Wageninnere nach verdächtigen Personen. Hätte sie auch uns inspiziert, wären wir erledigt gewesen. Als der Minibus anfuhr, sprangen wir in den Wagen, gaben Gas und fuhren auf den Posten zu. Wir hielten nicht an, weil wir ihnen nicht die Gelegenheit geben wollten, uns an der Sperre aufzuhalten.

Und so fuhren wir weiter. Doch niemand fuhr nachts nach Cairui, es sei denn, er gehörte den Unabhängigkeitskämpfern an. Ein in der Gegend stationierter Zug von Soldaten der indonesischen Armee erblickte die Scheinwerfer unseres Wagens und reihte sich am Straßenrand auf. Als wir an den Soldaten vorbeifuhren, lehnten wir uns aus dem Fenster, grüßten und wurden durchgewunken.

Zurück in Manatuto, empfing uns Totenstille. Alle waren untergetaucht. Unser Rover war, die Motorräder der Miliz ausgenommen, als einziges Fahrzeug noch unterwegs. Das war der Anfang vom Ende des Manatuto-Einsatzes. Am folgenden Morgen mussten wir uns wegen der Wahlergebnisse um neun Uhr im UN-Büro einfinden. Um viertel vor zehn erfolgte der erste von insgesamt drei Angriffen auf das UN-Gebäude. Tags darauf wurden wir um elf Uhr nach Baucau evakuiert.

Zunächst konnte ich über die Ereignisse jener Tage nicht sprechen. Eine psychologische Blockade hielt mich davon ab; es war die schreckliche Angst, verbunden mit Schuldgefühlen, dass die Menschen, denen wir geholfen hatten, allesamt tot wären. Erst als ich sah, dass sie noch lebten, konnte ich mir sagen, dass sich mein Einsatz gelohnt hatte.

Vergangene Woche flog ich mit einer UN-Maschine nach Uaimori, und dort hörte ich Leute rufen:»Mr. John, Mr. John!« In der Menge erkannte ich die Mutter, Großmutter und Kinder unserer Gastfamilie, die wir bei der ersten Tour nach Cairui geschmuggelt hatten. Mir saß ein dicker Kloß im Hals. Ich ging hinüber zu den Menschen, und als ich näher kam, da sahen auch sie mich und liefen auf mich zu. Die Mutter legte ihre Arme um mich und schluchzte fünf Minuten lang an meiner Brust.

Dann drängten sich die Kinder heran und sagten:»Hallo, Mr. John.« Sie hatten wundervoll fröhliche Gesichter und strahlende große Augen, ganz so, als sei nichts geschehen. Ich konnte es nicht fassen. Sie waren durch die Hölle gegangen, und sie wollten nichts anderes als ganz viele Streicheleinheiten und auf den Arm genommen werden. Es war, als wäre ich in ihr altes Zuhause zurückgekehrt und würde ihnen Geschichten vorlesen, die sie nicht verstehen konnten. Da war ich mir erstmals sicher, dass sich das Risiko gelohnt hatte. Hätten sie alle den Tod gefunden, zum Beispiel bei einem der Massaker, die, wie man uns berichtet hatte, in der Kirche verübt worden waren, hätte ich mir nie sagen können, dass ich richtig gehandelt hatte. Mehr noch: Ich hätte mir vorgeworfen, vergebens riskiert zu haben, dass meine beiden Söhne Harry und Guy ihren Vater verlieren.

BILDNACHWEIS

David Hancock, Sydney: 2
Volker Derlath, München: 66, 82, 90, 108, 116, 138
Florentine Schwabbauer, München: 96, 156, 188
Simon McCullock, Sydney: 168
John Allan, Sydney: 176

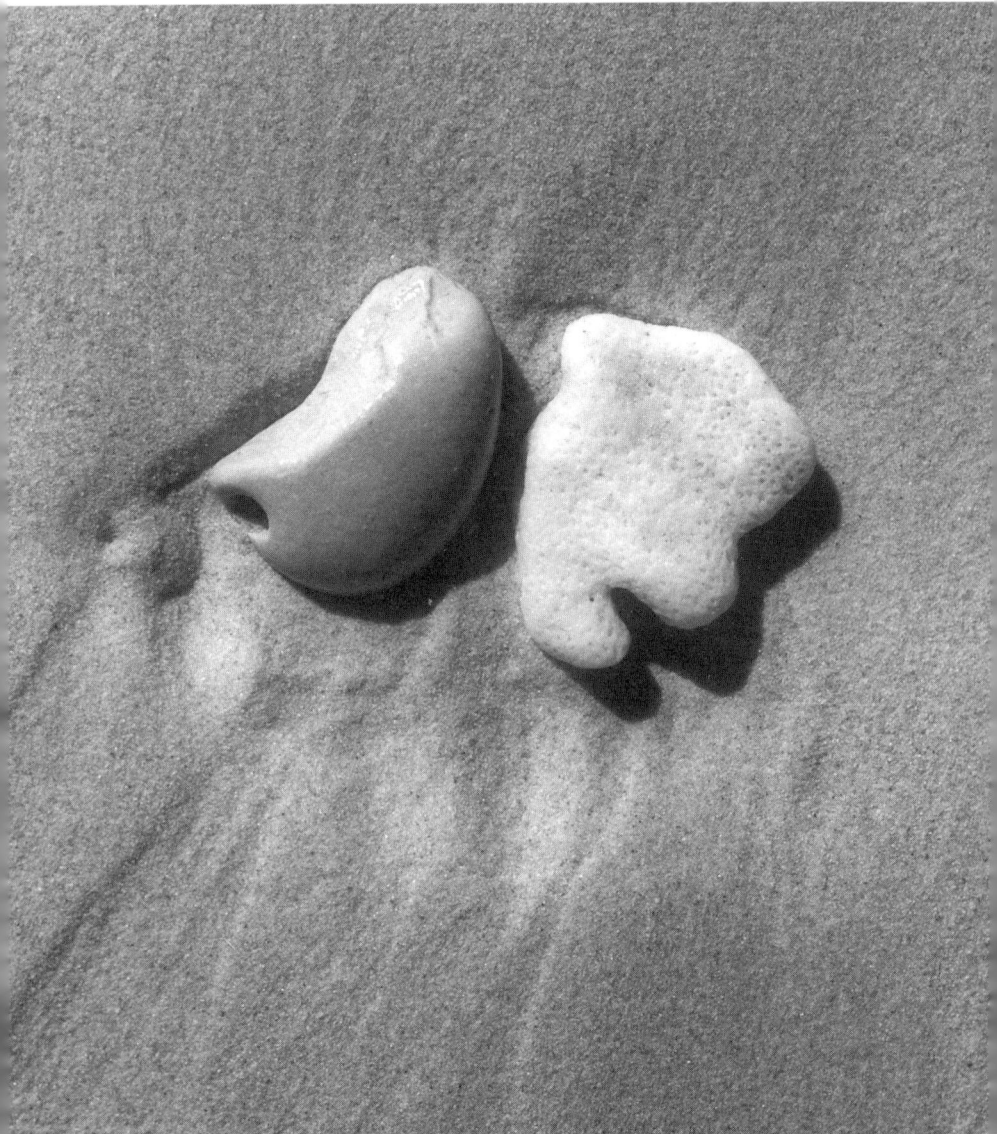

Anmerkungen

Entdeckungsreisen in die Herzen der Männer

Die Gedichte von Val Maslen (sie schreibt unter dem Pseudonym Val French) sind in dem – äußerst empfehlenswerten – Buch *A Treasury of Insights and Memories* erschienen. Sie können das Buch über die Autorin beziehen. Schreiben Sie an: Val Maslen, 37 Downing Street, Hove, South Australia 5048 oder senden Sie eine E-Mail an: robmas@dove.net.au

Von Jungen, Männern und Tränen

Simon Carr ist Autor des Buches *The Boys are Back in Town* (Hutchinson, London).

Was kleine Kinder brauchen

Die zweimonatlich erscheinende Männerzeitschrift *Mankind News* wird von Mankind Albury, einer kleinen australischen Männergruppe, herausgegeben. Sie können mit Charles Fransen und Mankind Albury über PO Box 3364, Albury, NSW 2460, Australien oder mankindalbury@hotmail.com Kontakt aufnehmen.

Nur ein kleiner Schnitt

Ian Hargreaves, ehemals Herausgeber von *The Independent* und *New Statesman*, ist Journalist und Journalistikprofessor an der Cardiff University, Wales.

Nein, Bruder

Der Australier Leo Schofield ist Schriftsteller und Leiter des Sydney Festival; er war künstlerischer Leiter des Sydney 2000 Olympic Arts Festival.

Was wir ohne das Fernsehen nicht wissen würden

Dieses Beispiel trockenen Humors haben wir *Small Screen* entnommen, dem Mitteilungsblatt der Organisation Young Media Australia (www.youngmedia.orga.au), die tapfer gegen den Schund angeht, mit dem Film- und Fernsehindustrie unsere Kinder überschütten. Erstmals wurde der Text in der medienpädagogischen kanadischen Zeitschrift *Clipboard* veröffentlicht.

Der Jesuit John J. Pungente ist Präsident der Canadian Association of Media Education und Showmaster des kanadischen Fernsehens.

Mein seltsamer »Großer Bruder«

Das Programm Big Sister/Big Brother der YWCA vermittelt benachteiligten Kindern die Freundschaft und Unterstützung von erwachsenen Mentoren. Weitere Informationen findet man unter: www.bigsisterbigbrotherprogram.com.au

Die Welt des Sports

Dieser Text erschien erstmals (zwischen dem 6. Oktober 1996 und 17. Mai 1998) im Magazin der *Mail on Sunday's Night and Day*.

Liebe in Zeiten wirtschaftlicher Rationalität

Elliot Perlman, Jahrgang 1964, ist Anwalt in Melbourne. *The Age* wählte seine Erzählung *The Reasons I Won't be Coming* 1994 zur besten Kurzgeschichte. Sein Roman *Three Dollars* gewann den *The Age* Book of the Year Award, den britischen Betty Trask Award und den FAW Book of the Year Award.

190

Wenn Frauen Jungen unterrichten

Nancy Lerner hat an der Case Western Reserve University studiert und promoviert und von 1989 bis 1995 an der University School in Hunting Valley, Ohio, Englisch unterrichtet. Bei diesem Text handelt es sich um einen Auszug aus ihrer Monographie *Women Teaching Boys: The Confessions of Nancy Lerner*.

[2] »Geständnisse«: kurz für *Women Teaching Boys: The Confessions of Nancy Lerner*

[2] »der wilde Walter«: Im gesamten Text sind Schülernamen durch Pseudonyme ersetzt

[3] Richard A. Hawley: *Three Hopes for a Boys' School*, Rede anlässlich des 350. Geburtstags von Roxbury Latin, Boston, 7. April 1995

[4] Robert Wright: *The Biology of Violence*, in: *The New Yorker*, 13. Mai 1995, S. 68–77 (nach einem von Wright zitierten Aufsatz aus dem Jahr 1994 von Martin Daly und Margo Wilson)

[5] Richard A. Hawley: *Boys Will Be Men: Masculinity in Troubled Times*, Middlebury, VT, 1993, S. 4

[6] Hawley, S. 4

[7] Mary Field Belenky, Blythe McVicker Clinchy, Nancy Rule Goldberger & Jill Matuck Tarule: *Women's Ways of Knowing: The Development of Self, Voice and Mind* (Deutscher Titel: *Das andere Denken. Persönlichkeit, Moral und Intellekt der Frau*), New York 1986, S. 37

[8] *Studies Link Subtle Bias in Schools with Women's Behaviour in the Workplace*, in: *The Wall Street Journal*, 16. September 1988

[9] Carol Gilligan & Edith Phelps: *Seeking Connections: New Insights and Questions for Teachers*, Harvard Graduate School of Education, August 1988, S. 7

[10] David Halberstam: *Popular, Pretty, Polite, Not Too Smart*, Rezension von Peegy Orenstein: *Schoolgirls: Women, Self-Esteem and the Confidence Gap* (Deutscher Titel: *Starke Mädchen, brave Mädchen. Was sie in der Schule wirklich lernen*), in: *The New York Times Book Review*, 11. September 1994, S. 16

[11] Gilligan & Phelps, S. 7.

Als ich zum letzten Mal eine Frau schlug

Zum Thema Gewalt in der Familie empfehle ich das Buch *Who Stole Feminism? How Women Have Betrayed Women* von Christina Hoff Sommers (Simon & Schuster, New York 1995)

In Würde sterben

Ein ausgezeichnetes Handbuch für die ältere Generation und ein praktischer Ratgeber für die betroffenen Familien ist Mary Piphers Buch *Das Land des Alters – Ein Wegweiser für die Verständigung mit den Eltern*, W. Krüger Verlag., Frankfurt/Main 2000

Erinnerung an Mowaljarlai

John Allan hat diesen Beitrag eigens für dieses Buch im Juli 2000 verfasst, und ich möchte ihm an dieser Stelle nochmals für seine Unterstützung danken.

Bei den Aborigines ist es alter Brauch, die Namen von Verstorbenen nach einer gewissen Zeit nicht mehr auszusprechen und niederzuschreiben. Aufgrund von David Mowaljarlais hoher Bedeutung meinen die Aborigines jedoch, dass sein Name nicht in Vergessenheit geraten darf. Daher sehen sie in seinem Fall über dieses Schweigegebot hinweg. Sollte die Erinnerung an Mowaljarlai schmerzliche Gefühle der Trauer auslösen, möchten wir uns dafür entschuldigen. Wir hoffen, dass seine Botschaft und unser Anliegen den Entschluss, diesen Artikel zu veröffentlichen, rechtfertigen.

QUELLENNACHWEIS

Scott Adams

Aus *The Dilbert Future, Thriving on Business Stupidity in the 21st Century*, New York, © United Media Inc. 1997 (dt.: *Dilbert Future – Der ganz normale Wahnsinn geht weiter*), Abdruck mit freundlicher Genehmigung von HarperCollins Publishers Inc.

John Allan

Remembering Mowaljarlai, © John Allan 2000. Die beiden Gedichte von David Mowaljarlai und Jutta Malnic sind entnommen aus: *Yorro Yorro: Everything Standing Up Alive*, Magabala Books Aboriginal Corporation, Broome, Western Australia, 1993

J. J. Bell

Diese Kurzgeschichte wurde unter dem Titel *The Good Fairy* erstmals in *Kiddies*, Mills and Boon, veröffentlicht. Die englische Vorlage der deutschen Übersetzung ist in der von Nora und Robbie Kydd herausgegebenen Anthologie *Growing Up in Scotland*, © Robbie & Nora Kydd, Edinburgh 1998, enthalten.

Bill Brandt

Zurück vom Bergwerk, englischer Bildtitel: *The Coal Miner's Bath*, Chester-le-Street, Durham, 1937, © Bill Brandt.

Bill Bryson

The Sporting Life, enthalten in *I'm a Stranger Here Myself: Notes on Returning to America After 20 Years Away*, Broadway Books 2000, © Bill Bryson 1999 (dt.: *Streiflichter aus Amerika – Die USA für Anfänger und Fortgeschrittene*)

Peter Carey

Abdruck mit freundlicher Genehmigung von International Creative Management Inc. © Peter Carey 2000. Dieser Text wurde erstmals in der Zeitschrift *The New Yorker*, New York, sowie am 14. Oktober 1995 in *The Australian Magazine* veröffentlicht.

Simon Carr

Erstmals erschien der englische Text (© Simon Carr) am 3. Dezember 1998 in *The Daily Telegraph*, London. Abdruck mit freundlicher Genehmigung von Simon Carr.

Bob Ellis

Das englische Original (*No Sweet Dreams in the Small Hours*) wurde am 20. Februar 1998 in der Zeitschrift *The Age*, Melbourne, veröffentlicht. © Bobon Entertainment Services. Abdruck mit freundlicher Genehmigung von Bobon Entertainment Services.

Charles Fransen

Das englische Original ist im Oktober 1998 in den *Mankind News*, Albury, New South Wales, Australien, erschienen. © Charles Fransen. Abdruck mit freundlicher Genehmigung von Charles Fransen.

Ian Hargreaves

Die englische Vorlage der deutschen Übersetzung ist *The Daily Mail*, London, (25.9.1999) entnommen. Erstmals erschien der Text in der Ausgabe vom September 1999 des *Prospekt Magazine*, Großbritannien. © Ian Hargreaves. Abdruck mit freundlicher Genehmigung von Ian Hargreaves.

Mohamed H. Khadra

Der englische Text (*What Price Compassion*) wurde erstmals im *Medical Journal of Australia*, Sydney (6.7.1998, Bd. 169) veröffentlicht. © Mohamed H. Khadra. Abdruck mit freundlicher Genehmigung von Mohamed H. Khadra.

Nany Lerner

Auszug aus der Monographie *Women Teaching Boys: The Confessions of Nancy Lerner,* © The University School Press, Hunting Valley, Ohio,1995. Alle Rechte vorbehalten.

Michael Leunig

Vier Cartoons aus dem Band *You & Me,* Penguin Books Australia Ltd., Ringwood,Victoria, © Michael Leunig 1995. Abdruck mit freundlicher Genehmigung von Penguin Books Australia Ltd.

Val Maslen

Die englischen Originale der Gedichte von Val Maslen sind unter dem Titel *Memories of a father* in dem Band *A Treasury of Insights and Memories,* Peacock Press, Adelaide (Australien) 1998, enthalten. © Val Maslen. Abdruck mit freundlicher Genehmigung von Val Maslen.

Simon McCulloch

© Simon McCulloch

Adam Mitchell

© Adam Mitchell

Alden Nowlan

Das englische Original *The Rites of Manhood* wurde erstmals in *I'm a Stranger Here Myself* veröffentlicht. © Clarke, Irwin Co. Ltd. 1974. Abdruck mit freundlicher Genehmigung von Irwin Publishing Incorporated. (Die Rechte verwaltet Stoddart Publishing Co. Limited, Toronto, Ontario, Kanada.)

Elliot Perlman

Der englische Text (*Love in The Time of Economic Rationalism*) ist der Wochenendbeilage *Good Weekend* des *Sydney Morning Herald* vom 29. August 1998 entnommen. © Elliot Perlman. Abdruck mit freundlicher Genehmigung von Elliot Perlman.

John Petrie und Barbie Dutter

Rescue in Eastern Timor, in: *The Sunday Telegraph*, London, 3. Oktober 1999. © The Telegraph Group Ltd. 2000.

Michael Pollard

Der englische Text (*My Goofy Brother*) ist erstmals im März 2000 in der Zeitschrift *Certified Male*, Faulconbridge, NSW, Australien, erschienen. © M. Pollard und P. Vogel. Abdruck mit freundlicher Genehmigung von M. Pollard und P. Vogel.

John J. Pungente

Auszüge aus *Things We Wouldn't Know Without Movies and TV*. Erstveröffentlichung im medienpädagogischen Magazin *Clipboard*, Toronto, Ontario, Kanada. Abdruck in *Small Screen*, dem Rundbrief von Young Media Australia, Adelaide.

David Quammen

Der englische Text (*The Swallow That Hibernates Underwater*) ist enthalten in David Quammen: *Wild Thoughts from Wild Places*, Scribner, New York 1998. © David Quammen 1992. Alle Rechte vorhalten.

Leo Schofield

Der englische Text (*No, Brother*) wurde am 7. September 1996 in *The Sydney Morning Herald*, Sydney, veröffentlicht. © Leo Schofield. Abdruck mit freundlicher Genehmigung von Leo Schofield.

Quan Yeomans

Auszug aus dem Songtext *Happiness* von Quan Yeomans. Abdruck mit freundlicher Genehmigung von EMI Music Publishing Australia Pty. Ltd. Alle Rechte vorbehalten.

Steve Biddulph
Männer auf der Suche

Das Buch beruht auf einer an-
schaulichen These: Die Indus-
trielle Revolution hat die
Männer ihrer Väter beraubt,
mit dramatischen Folgen für
das männliche Seelenleben, die
innere Reifung und die
Entwicklung von
Führungsqualitäten.

Steve Biddulph
**Männer
auf der
Suche**
Sieben **Schritte**
zur **Befreiung**

Anders als jahrtausendelang zuvor wachsen Jungen seit sieben Generationen ohne Mentoren, Initiationsriten und väterliche Führung auf – weil
Männer aus Sozialleben und Erziehung weitgehend ausgeschieden sind.
Sieben Schritte sind zu tun, um Männerleben wieder lebenswert zu
machen:

1. Das Verhältnis zum Vater bereinigen
2. Die Sexualität als die mächtige Quelle des eigenen Wohlbefindens wie-
   derentdecken
3. Das Verhältnis zum Partner auf eine gleichberechtigte Grundlage stellen
4. Sich aktiv an der Erziehung der eigenen Kinder beteiligen
5. Lernen, echte (Männer-)freundschaften zu begründen und zu erhalten
6. Eine Arbeit finden, die wirklich erfüllt und befriedigt
7. Den »wilden« Geist befreien, der in die Freiräume von Spiritualität und
   Natur führt

Hardcover   288 S.   12 s/w Fotos   14,5 x 21,5 cm
DM 36,00   SFr 33,00   ÖS 263,00   E 18,41   ISBN 3-89530-023-3

Steve Biddulph
Jungen! Wie sie glücklich
heranwachsen

In diesem Buch widmet sich
Steve Biddulph einem bislang
vernachlässigten Thema: der
Situation der heutigen Jungen.

»*Ein Buch, von dem sich
Erwachsene wünschen,
ihre Eltern hätten es
gelesen.*«
tz, München

Jungen bis zum Alter von 18 Jahren sind statistisch dreimal häufiger als
Mädchen in Gefahr, sich lebengefährlich zu verletzten. Nur noch 45% aller
Studenten und 43% aller Abiturienten sind junge Männer. 80% aller
Hauptschulabgänger ohne Abschluss sind Jungen. 80% aller Schüler mit
Verhaltensauffälligkeiten oder Lernschwierigkeiten sind Jungen: Diese
Zahlen sind deutliche Alarmzeichen.
In seinem bahnbrechenden Ratgeber gelingt es Steve Biddulph, ein völlig
neues Bild unserer Jungen zu vermitteln. Und er macht Vorschläge, wie
Erziehende den Jungen helfen können, Wege aus Problembereichen wie
Lernschwierigkeiten, Verhaltensauffälligkeit, aber auch Drogen und Gewalt
zu finden.

Paperback   235 S.   45 farb. Illust., 25 Fotos   15 x 23 cm
DM 26,80   SFr 25,00   ÖS 196,00   E 13,70   ISBN 3-89530-019-5

Kent Nerburn
Briefe an meinen Sohn

»*Geboren sind wir männlichen
Geschlechts.
Lernen müssen wir, ein Mann
zu sein.*«

»Briefe an meinen Sohn« ist
eine Sammlung nachdenklicher
Essays, die der Autor Kent
Nerburn seinem Sohn – und
den Söhnen aller Väter –
gewidmet hat. Bestechend klar und einfühlsam diskutiert das intelligent
und leidenschaftlich geschriebene Buch die grundsätzlichen Fragen der
Lebensführung, die sich jeder junge Mann stellt.
Kent Nerburns zeitlose Botschaft geht uns alle gleichermaßen an: »Briefe
an meinen Sohn« ist ein Buch, dessen Lektüre nicht nur Eltern ihren
Kindern, sondern auch Beziehungspartner einander ans Herz legen sollten.
Keine Leserin, kein Leser kann sich den Einsichten, der wunderbaren Prosa
und dem Mitgefühl entziehen, die aus jeder Zeile sprechen. Unter anderem
werden folgende Themen einfühlsam und fundiert angesprochen:
Mannsein und Männlichkeit, Arbeit, Besitz, Geld und Reichtum, Einsamkeit,
Liebe, Treue, Vaterschaft, Alter und Tod.
Der Autor Kent Nerburn, Jahrgang 1946, ist nicht nur promovierter Kunst-
und Religionswissenschaftler, sondern auch ein renommierter Bildhauer.
Literarisch setzt sich der Vater eines Sohnes u.a. intensiv mit den
Lebensentwürfen der nordamerikanischen Ureinwohner auseinander.

Paperback   272 S.   s/w Fotos   13,5 x 20,5 cm
DM 26,00   SFr 24,00   ÖS 190,00   E 13,00   ISBN 3-89530-013-6

Warwick Pudney, Judy Cottrell
Das Väterhandbuch

Werdende Väter fühlen sich angesichts der neuen Aufgaben oftmals überfordert. Für viele Väter ist die lebensverändernde Erfahrung, Vater zu werden, gar furchteinflößend.

»Wunderbar zu lesen, gut geschrieben, voller nützlicher Informationen. Ich kenne kein anderes Buch, das werdenden Vätern besser zur Seite steht, als das Väterhandbuch.«
Steve Biddulph

Viele Väter berichten im Rückblick über »schief gelaufene Geburten«, fehlende Bindungen zu den Kindern in den frühen Jahren, das Vergraben in Arbeit, Sorgen über elterliche Verhaltens- und Rollenmuster, die sie von der Erziehung ausschließen ...
Das Väterhandbuch ist ein seit langem überfälliges Handbuch, das den gesamten Prozess des Vaterwerdens begleitet und wertvolle Informationen über Empfängnis, das »Nestbauen«, die drei Phasen der Schwangerschaft, das frühe Verbindungaufnehmen, die Arzt- und Hebammenwahl, die Geburtsvorbereitung, Krankenhäuser und die Geburt selbst enthält: und zwar speziell für den werdenden Vater.

Paperback   264 S.   20 Fotos   13,5 x 21 cm
DM 29,80   SFr 27,50   ÖS 218,00   E 15,24   ISBN 3-89530-037-3